Kristallkugel & Spiegelmagie

Andreas Hartwig

Kersken-Canbaz-Verlag
Breite Str. 65
29468 Bergen/ Dumme

ISBN 3-89423-073-8

Inhaltsverzeichnis

Vorwort

Lieber Leser!

Wahrsagen und Orakeln ist fast so alt wie die Menschheitsgeschichte. Schon immer faszinierte es die Menschen, einen Blick in ihre Zukunft zu werfen.

Auch heute noch ist das Wahrsagen sehr verbreitet. Ob es sich bei manchen Wahrsagern um Scharlatane handelt, soll uns hier nicht interessieren. Wir wissen:

Hellsehen ist möglich und Du kannst es lernen.

Die Einführung dieses Buches zeigt Dir das Wahrsagen einmal aus einer anderen Perspektive. Die Beschreibung ist kurz und skizzenhaft ohne Anspruch auf Vollständigkeit.

Jetzt erst einmal viel Spaß beim Lesen und später viel Erfolg beim Wahrsagen Deiner Zukunft!

Einführung

Bücher wälzen

Hast Du schon einmal darüber nachgedacht, wie Hellsehen eigentlich funktioniert? Hast Du Bücher über Bücher gewälzt, um eine einigermaßen vernünftige Erklärung zu bekommen und keine gefunden? Da liest man von Geistern, die einem die Zukunft ins Ohr flüstern, vom kollektivem Unbewußten, vom 6.- und 7. Sinn und vielem anderen mehr. Meist ist man nach solch einer Lektüre nicht schlauer als vorher.

Erklärung

Mein Ziel besteht nicht darin, Dir die einzig mögliche Erklärung zu liefern. Vielmehr will ich - auf dem momentanen Wissenshintergrund - dieses Thema einmal anders behandeln. Ich lade Dich zu einem kleinen - nicht allzu schwierigen - Ausflug in die Wissenschaft ein:

Wirklichkeit

Schon die alten Griechen philosophierten darüber, ob es eine für alle Menschen verbindliche Wirklichkeit gibt. Sie rätselten logisch und paradox und die seltsamsten Theorien wurden aufgestellt. Bis vor wenigen Jahren gingen die meisten Wissenschaftler noch davon aus, daß Realität für alle Menschen das Gleiche ist. Das bedeutet, Wirklichkeit existiert unabhängig vom Menschen. Die unabhängig existierende Wirklichkeit nannten sie in »objektiver Realität« oder »wirkliche Wirklichkeit«. Neuere Forschungen führten zu ganz anderen Fragestellungen:

- Gibt es eine Wirklichkeit außerhalb von uns? Existieren Bäume, Häuser, Straßen usw. wirklich? Könnten wir sie erkennen? Die heutige Wissenschaft sagt: Nein!

Wie kommt das?

Nervensystem

Die Erklärung gibt die Theorie über unser Nervensystem. Denn die Wissenschaft geht davon aus, daß das Nervensystem ein informationell geschlossenes System ist.

Was bedeutet das?

Nervenzellen

- Das Nervensystem besteht aus der Gesamtheit aller Nervenzellen im Körper. Nervenzellen befinden sich auf der Haut, in den Sinnesorganen und innerhalb des Körpers.
- Die größte Ansammlung von Nervenzellen finden wir im Gehirn.
- Alle Nervenzellen des Körpers sind letztendlich mit dem Gehirn verbunden.
- Nervenzellen können durch Licht, Wärme, Druck oder elektrischen Strom erregt werden.
- Es gibt aber auch meßbare physikalische Schwingungen, die außerhalb ihrer Wahrnehmungsfähigkeit liegen, z.B. Ultraschall und radioaktive Strahlung.
- Wenn eine Nervenzelle erregt wird, gibt sie winzige elektrische Ladungen an die mit ihr verbundenen Nervenzellen weiter. Diese Nervenzellen werden ebenfalls erregt und geben ihre Ladung wiederum weiter.
- Das setzt sich fort bis zum Gehirn und vom Gehirn zu den Nervenzellen im Körper.
- Letztendlich sind alle Nervenzellen über das Gehirn mit allen anderen verbunden.
- Du kannst Dir diesen Vorgang vergegenwärtigen, wenn Du Dir eine kippende Reihe von Dominosteinen vorstellst. Ein Stein kippt um und bringt den nächsten zu Fall, der den nächsten usw.

Definition:

Den Auslöser, der eine Nervenzelle erregt, bezeichne ich als Reiz.

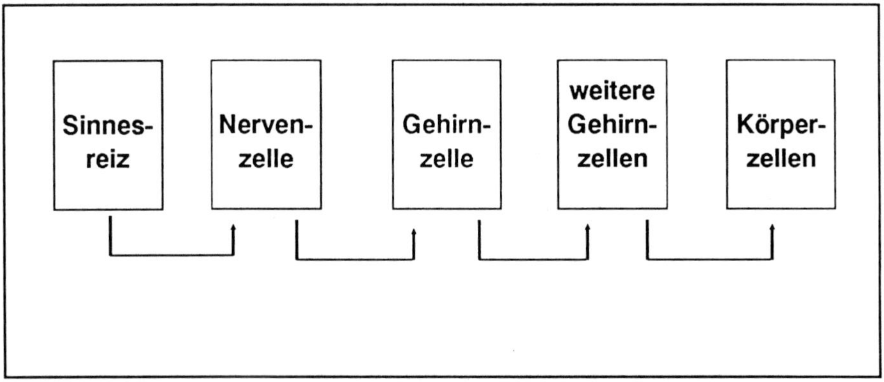

- Allen Nervenzellen ist gemeinsam, daß sie Reize verarbeiten.
- Reize im Nervensystem sind immer elektrische Ladungen.
- Die Größe der Ladungen bleibt immer gleich.

Beispiel:

  - Du kannst das mit einer elektrischen Lampe in Deinem Zimmer vergleichen: Die Lampe läßt sich tausendmal täglich an- und ausschalten!
  - Jedesmal, wenn die Lampe brennt, werden 220 Volt anliegen, nicht mehr und nicht weniger.

Licht, Druck, Wärme

- "*Halt*", wirst Du jetzt sagen, wenn Du aufmerksam gelesen hast. "*Hast Du nicht vorhin gesagt, daß Nervenzellen auch durch Licht, Druck und Wärme erregt werden können*?".

- Genau das nehmen wir an. Und genau das ist auch der springende Punkt! Es gibt nämlich Nervenzellen an unserer Körperoberfläche, die wir als Sinneszellen bezeichnen.

Es gibt Nervenzellen an der Oberfläche Deines Körpers!
Diese werden als »Sinneszellen« bezeichnet!

Sinneszellen

- Sinneszellen befinden sich z.B. in unseren Augen und Ohren, Mund, Nase usw.
- Man kann an diese Sinneszellen nun hauchfeine Drähte und Meßinstrumente anschließen und elektrische Ladungen messen.

Wie wir festgestellt haben, gibt eine Nervenzelle dann elektrische Ladungen ab, wenn sie erregt wird. Was wir aber nicht messen können, ist wovon sie erregt wird. Denn: Wie ich schon erwähnt habe, sind alle Nervenzellen über das Gehirn mit allen anderen Nervenzellen verbunden.

Alle Nervenzellen sind über das Gehirn miteinander verbunden!

Anders ausgedrückt:

Erregung

Wenn eine Sinneszelle im Auge erregt wird, gibt es keine Möglichkeit, eindeutig festzustellen, ob diese Zelle von außen oder von innen gereizt wurde.

So können wir genau genommen nur sagen:

Gibt es Licht?

- Wir sehen etwas, weil die Sinneszellen unseres Auges erregt wurden.

Ursache

Ob es etwas wie Licht gibt, können wir nur vermuten. Nervenzellen sind nicht dazu in der Lage, die Ursache ihrer Erregung anzuzeigen.

Sinneszelle am Verstärker

Es gibt dazu folgendes Experiment: Die Haut-Sinneszelle einer Testperson wurde an einen Verstärker mit Lautsprecher angeschlossen. Man wollte auf diese Weise die Erregung der Sinneszelle hörbar machen. Aus dem Lautsprecher erklang ein langsames Klick-Klick, die verstärkten elektrischen Ladungen des Nervensystems. Wenn man nun mit einem Gegenstand über die Haut der Testperson strich, wurde das Klicken schneller. Es veränderten sich weder Tonhöhe noch Lautstärke. Den gleichen Effekt erreichte man, wenn die betreffende Stelle erwärmt oder abgekühlt wurde. Der Sinneszelle war es also völlig egal, von was sie gereizt wurde.

Klick-Klick

Außerdem konnte die Sinneszelle den nachfolgenden Zellen in keiner Weise mitteilen, was sie erregt hatte, da sie nur in der Lage war, schneller oder langsamer zu klicken.

Außenwelt

Wie kommt der Mensch aber dann dazu, eine bunte, geräuschvolle Außenwelt zu erleben? Dieses Wunder vollbringt das Gehirn. Wie ich schon erwähnte, sind alle Nervenzellen letztlich mit dem Gehirn verbunden. Jede Sekunde kommen Millionen Klick-Klicks im Gehirn an. Dort werden sie auf äußerst verwickelte Weise verrechnet. Das

Gehirn webt sozusagen elektrische Muster. Diese Muster geben dem Wirrwarr von Reizen erst eine Bedeutung.

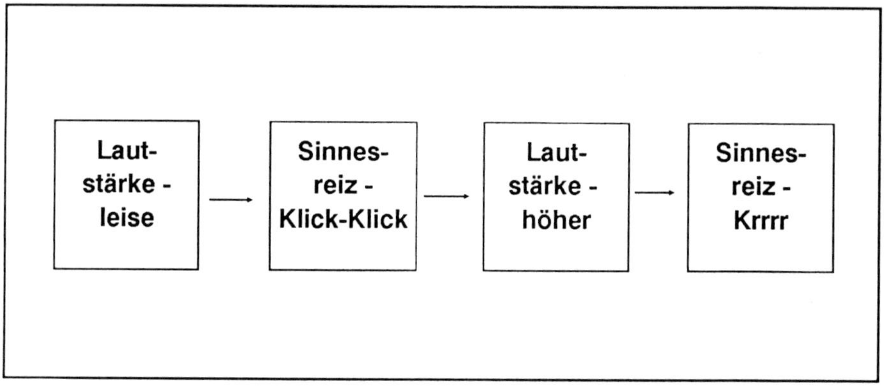

Bedeutung

Dein Gehirn webt elektrische Muster! Ob diese Bedeutung noch irgendetwas mit einer Außenwelt zu tun hat, scheint äußerst unwahrscheinlich. Wir können es aber auch nicht ausschließen. Statt Bedeutung kann man auch den Begriff Information einsetzen. Den Vorgang, aus Sinnesreizen Information zu machen, bezeichnen wir als Interpretation. Jetzt wird vermutlich einigermaßen klar, warum wir eine wirkliche Wirklichkeit gar nicht erkennen können. Ich fasse noch einmal zusammen:

1. Dein Nervensystem empfängt von außen nur Klick-Klicks!
2. Es gibt sogar Schwingungen, die Du überhaupt nicht wahrnehmen kannst. Dazu gehört z.B. ultraviolettes Licht oder radioaktive Strahlung.
3. Danach beginnst Du, diese Klick-Klicks zu interpretieren.

4. Durch das Interpretieren bist Du in der Lage zu sagen: "Dort steht ein Haus!"
5. Ob dort tatsächlich und wirklich ein Haus steht, kannst Du nicht sagen!

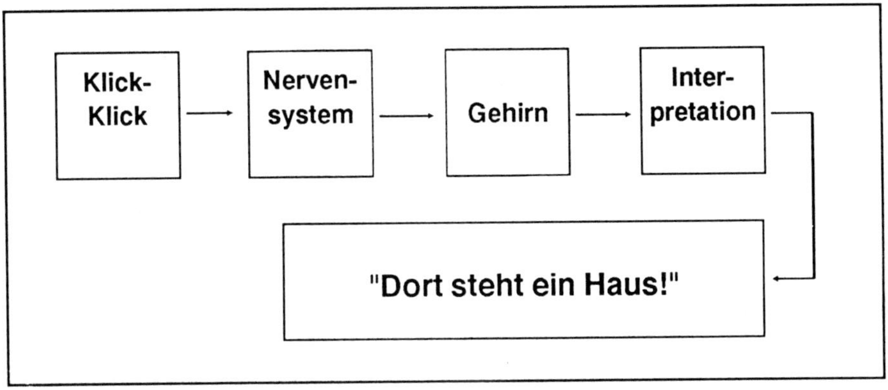

Jetzt stellt sich eine Frage:

- "Wenn ich gar nicht weiß, ob Wirklichkeit außerhalb von mir existiert oder nicht, wie finde ich mich dann in meiner Umwelt zurecht?"

Praktische Erwägungen

Nach dem, was wir bisher festgestellt haben, könnte man eigentlich annehmen, daß es so etwas wie eine Außenwelt überhaupt nicht gibt. Alles, was Du hörst, siehst, fühlst, riechst und schmeckst, wird in Deinem Innern verarbeitet. Dennoch denke ich, daß wir die Unterscheidung zwischen der Außenwelt und Deiner Innenwelt aus rein praktischen Erwägungen noch brauchen werden.

- Das, was sich innerhalb von Dir ereignet, nenne ich ab jetzt »Inwelt«!
- Das, von dem Du annimmst, daß es sich außerhalb von Dir befindet, nenne ich »Umwelt«.

Von dieser Umwelt hast Du Dir im Laufe Deines Lebens immer umfangreichere Vorstellungen gebildet. Frage Dich doch einmal, was alles zu der Umwelt gehört. Die Menschen auf der Straße? Ämter? Häuser? Bäume? Tiere? Deine Erlebnisse mit anderen Personen?, das Wetter etc.

Alles innerhalb von Dir = Inwelt!
Alles außerhalb von Dir = Umwelt!

Erlebnisse und Erfahrungen

Ich vermute, je länger Du darüber nachdenkst, desto umfangreicher wird die Vorstellung Deiner Umwelt. Vielleicht können wir das etwas verkürzen, wenn wir sagen: "*Du hast die Vorstellung von Deiner Umwelt durch Erlebnisse und Erfahrungen gesammelt*!"

Landkarte

- Alles, was Du bisher erlebt hast, hast Du in Deinem Gedächtnis gespeichert. Es wäre jetzt sehr schwer für Dich, wenn Du jedesmal, wenn Du eine Straße überquerst, alle bisherigen Erlebnisse mit Straßen abrufen müßtest, um sicher auf die andere Seite zu gelangen. Um sich diese Art von Vergleichen zu sparen, bauen sich Menschen Muster, die wie Landkarten funktionieren. Eine Landkarte zeigt nicht jedes einzelne Haus, sondern Orte als Punkte, Straßen als Linien, Wälder als grüne Flächen usw. Wie Du aber weißt, ist eine Landkarte nie gleich dem Land, welches sie abbildet, sondern immer eine mehr oder weniger verzerrte Darstellung.

Eine Landkarte ist nie gleich dem Land, das sie abbildet!

Modell der Welt

So eine Landkarte benutzt Du für alles, was Du tust. In dieser Landkarte hast Du die wichtigsten Elemente Deiner

Erlebnisse zusammengefaßt. Diese Landkarte reicht aus, um mit Deiner Umwelt zurecht zu kommen. Wir nennen diese Landkarte: »Dein Modell der Welt!«

Jedes Mal, wenn Du handelst, benutzt Du diese Landkarte. Dabei gebrauchst Du sie nicht bewußt, sondern unbewußt - vollkommen selbstverständlich und automatisch.

Dein Modell der Welt hilft Dir, Dich in Deiner Umwelt zu orientieren!

Veränderungen

Deine Landkarte bleibt nicht immer gleich! Sie verändert sich. Es kommen neue Orte hinzu, alte werden kleiner. Es werden Straßen gebaut und Wälder gerodet. Veränderungen in Deinem Leben verändern auch Dein Modell der Welt!

Beispiel

Gehen wir noch einmal auf das Beispiel ein, wenn Du eine Straße überqueren willst:

- Ohne daß es Dir bewußt wird, gehst Du stillschweigend davon aus, daß es so etwas wie Schwerkraft gibt. Die Autos fliegen nicht plötzlich hoch und auch Du selbst hebst nicht plötzlich ab. Ohne, daß es Dir bewußt wird, gehst Du davon aus, daß ein Auto, das noch fünfzig Meter entfernt ist, soundsolange braucht, um Dich zu erreichen usw. usf. Passiert jetzt etwas Ungewöhnliches, z.B. daß plötzlich ein Auto fliegt, so wirst Du es Dir merken. Passiert so etwas öfter, wirst Du es in Dein Modell der Welt einbauen. Fortan wirst Du davon ausgehen, daß fliegende Autos etwas völlig Normales sind.

Jedes Mal, wenn Du etwas tust, rufst Du Dein Modell der Welt ab!

Einstellungen

Du siehst, alle Deine Handlungen werden davon bestimmt, was für ein Modell der Welt Du hast. Glaubst Du an fliegende Autos, so wirst Du beim Überqueren der Straße zusätzlich nach oben schauen! Du erwartest, daß etwas ganz Bestimmtes passieren könnte und stellst Dich darauf ein.

Vorwegnahme

Was bedeutet Erwarten in diesem Zusammenhang? Anscheinend rufst Du ja nicht nur Dein Modell der Welt ab, sondern überlegst auch noch, was alles passieren könnte! Wir nennen das »Antizipation«, das ist lateinisch und bedeutet Vorwegnahme!

Definition:

Antizipation heißt
»Vorwegnahme/Vorhersehen«!

Neues Modell

Vorhin hatte ich festgestellt, daß Du immer ein Modell der Welt abrufst. Jetzt kommt hinzu, daß Du Dir (bewußt oder unbewußt) überlegst, was noch alles zusätzlich passieren könnte. Ohne daß Du es bemerkst, hast Du Dir ein neues Modell der Welt gebildet. Wieso? Wenn sich ein Modell der Welt mit jedem Erlebnis verändert, so ähnelt kein Modell der Welt einem anderen! Du hast jede Minute, jede Sekunde ein neues Modell der Welt! Zwar unterscheidet es sich nur ein klein wenig von dem alten, aber es ist anders!

Du antizipierst jeden Augenblick ein künftiges Modell der Welt!

Folgerung

Daraus kannst Du folgern: "*Wenn ich jeden Augenblick ein neues Modell der Welt antizipiere und gar nicht weiß, ob es eine Umwelt gibt, plane ich dann nicht, was passiert?*" Ja, genau das tust Du! Du planst, was passiert oder was passieren könnte, und handelst dann dementsprechend.

"*Stopp!*" sagst Du, "*Manchmal geschieht doch etwas Unvorhergesehenes, was ich nicht eingeplant habe. Ich ärgere mich über das, was mein Nachbar sagt oder ein Amt schickt mir einen ärgerlichen Brief. Das Finanzamt will plötzlich zusätzliche Steuern usw. usf. Also gibt es doch etwas von außen, was Einfluß auf mein Leben und auf mein Modell der Welt hat!*"

Einwand

Dazu eine Frage: Bist Du sicher, daß Du es nicht eingeplant hast? Deine Antizipationen laufen doch normalerweise unbewußt ab. Vielleicht hast Du es antizipiert, aber dann nicht mehr berücksichtigt. Außerdem: Wenn Du gar nicht genau weißt, ob es wirklich eine Außenwelt gibt, bist Du unter Umständen der einzige, der Dich ärgern kann.

Unbewußt

Möglicherweise befriedigt Dich der vorherige Absatz nicht, Du willst noch mehr wissen. Also führen wir die Angelegenheit noch ein wenig weiter aus! Was gehört alles zu den Dingen, die Du wahrnimmst? Kannst Du Schwerkraft wahrnehmen? Kannst Du Zeit wahrnehmen? Kannst Du Dimensionen wahrnehmen? »Wahrnehmen« heißt doch, daß Du mit Deinen Sinnen Hören, Sehen, Riechen, Schmecken und Fühlen etwas bemerkst. Meinst Du, Du kannst so etwas wie Zeit sehen, hören, riechen, schmecken oder fühlen? Vermutlich nicht! Woher willst Du wissen, ob es so etwas wie Zeit tatsächlich gibt?

Wahrnehmen

Kannst Du Zeit mit Deinen normalen Sinnen wahrnehmen?

Zeit gehört, wie alles andere auch, zu den Dingen auf Deiner Landkarte, die Du zu Deiner Orientierung eingerichtet hast. Du brauchst die Zeit, um abmessen zu können, wann Du was tun willst. Wie lassen sich aber Dinge wie

Orientierung

Hellsehen erklären, wenn Du davon ausgehst, daß Zeit tatsächlich existiert?

Gleichzeitig

Gehst Du aber davon aus, daß Zeit so, wie Du sie beschreibst, gar nicht vorhanden ist, dann könntest Du sagen: Alles passiert gleichzeitig! Auf diese Art würde sich das Problem erledigen, ob man in die Zukunft sehen kann oder nicht.

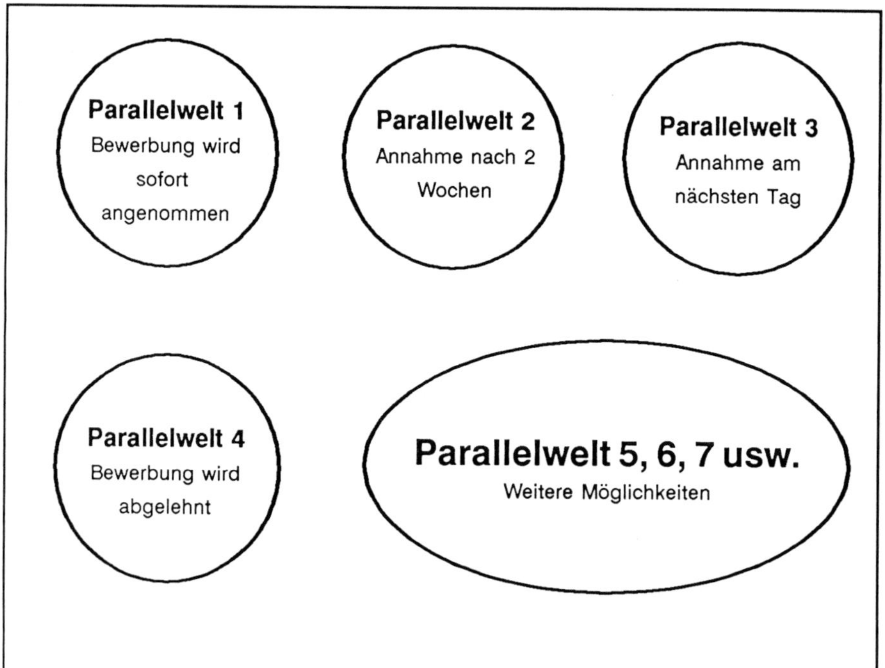

Parallelwelten

Ein Erklärungsmodell für das Gleichzeitig-Geschehen ist das »Parallelweltenmodell«. Das Modell besagt, daß Vergangenheit, Gegenwart und Zukunft nicht existieren. Es geht davon aus, daß alles, was möglich ist, gleichzeitig geschieht. Stell Dir vor, Du willst Dich bewerben. Es gibt viele verschiedene Möglichkeiten, was alles passieren könnte.

- Einmal könnte die Bewerbung sofort angenommen werden,
- das andere Mal erst in 2 Wochen,
- im nächsten Fall morgen,
- in wieder einem anderen Fall gar nicht etc.

Welten wechseln

Das Modell der Parallelwelten besagt, daß es für jede Möglichkeit eine Parallelwelt gibt, in der genau das passiert. In welcher Welt Du gerade lebst, kannst Du nicht sagen. Du kannst nicht einmal sagen, ob Du morgen in der gleichen Welt aufwachst, in der Du heute schlafen gehst! Die Unterschiede zwischen den parallelen Welten sind viel zu fein.

Für jede Möglichkeit gibt es eine Parallelwelt!

Zukunftsblicke

Kommen wir zu den Modellen der Welt zurück! Du planst jeden Augenblick, was im nächsten passieren kann. Du tust dies unbewußt, automatisch. Du planst ein, was sich Dir eventuell in den Weg stellen könnte. Du überlegst, wie Du Dich verhalten kannst, wie Du handeln mußt, um von Deinem Chef mehr Geld zu bekommen usw. Ohne daß Du es mitbekommst, wirfst Du jedes Mal einen kleinen Blick auf Deine Zukunft, denn Du bestimmst, was geschieht!

Bewußt

Daß dies alles unbewußt abläuft, könnte erklären, wieso es Dinge gibt, die Deiner Meinung nach überraschend geschehen! Stell Dir vor, Du könntest vollständig bewußt mitbekommen, was Du alles antizipierst. Vielleicht kann Dich dann nichts mehr überraschen. Du wüßtest ganz genau, was in den nächsten Minuten, Tagen, Monaten, Jahren geschieht. Du würdest Dein künftiges Modell der Welt bewußt antizipieren!

Zugang zum Unbewußten

Genau das tust Du, wenn Du hellsiehst! Du bekommst besseren Zugang zu Deinem Unbewußten, die Antizipationen liegen frei zur Beobachtung!

Ich hoffe, daß die kurzen Erklärungen ausreichend waren, um dieses schwierige Thema einigermaßen zu verstehen. Die neueste wissenschaftliche Literatur ist voll davon! Falls Du Dich intensiver mit diesem Thema beschäftigen willst, empfehle ich Dir besonders die Bücher von den Forschern Maturana und Varela, sowie die Bücher von Paul Watzlawick, die ich im Literaturverzeichnis aufgeführt habe.

Andere Theorien

Es gibt in der Wissenschaft selbstverständlich noch andere Theorien als die, die ich Dir vorgestellt habe.

Einige Wissenschaftler schließen sich dem bisher Beschriebenen an, andere gehen noch einen Schritt weiter, die nächsten bestreiten es vollkommen:

Erleben im Kopf

1. Die, die noch einen Schritt weitergehen, behaupten, daß es nichts außerhalb von Dir selbst gibt - aber auch gar nichts. Sie sagen, daß alles Erlebte nur in Deinem Kopf stattfindet. Hier stellt sich die Frage, wie dann ein Mensch dazu in der Lage ist, für vollkommen fremde Personen Vorhersagen zu machen. Die Antwort dieser Wissenschaftler müßte lauten: Du nimmst nur das wahr, was Du wahrnehmen kannst. Wenn Dir jemand eine solche Vorhersage bestätigt, kannst Du nie wissen, ob sie tatsächlich eingetreten ist, da Du nichts anderes wahrnehmen kannst.

Beispiel

Das bedeutet auf gut Deutsch: Eine Frau kommt zu Dir und fragt Dich, was ihrem Sohn in Afrika passierte. Er hat sich seit mehreren Monaten nicht mehr gemeldet.

Du blickst in die Kristallkugel, den Spiegel o.ä. und siehst den Sohn, wie er bei einem Bergunglück um's Leben kommt. Du teilst dies der Frau mit. Sie prüft das an Ort und Stelle und bestätigt Dir später das Gesehene. Nach Aussage der Wissenschaftler hast Du Dir den gesamten Vorgang, sowohl das Gesehene, als auch die Frau, als auch die Kugel, als auch die Geschichte in Afrika, selbst konstruiert. Du wirst niemals wissen, was geschah!

2. Die anderen behaupten, man könne wissen, was geschah. Sie sagen, es läßt sich durch gemeinsame Wahrnehmungen überprüfen, und sagen, daß es so etwas wie eine wirkliche Wirklichkeit gibt.

Gemeinsame Wahrnehmung

Das heißt, jedesmal, wenn Deine Wahrnehmung mit der einer anderen Person übereinstimmt, findet Ihr eine wirkliche Wirklichkeit.

Wirkliche Wirklichkeit

Du mußt selbst entscheiden, welche Theorie Dir am besten gefällt. Ich habe meine ausgewählt, da ich denke, sie bietet mir die beste Möglichkeit, mit dem Thema Hellsehen umzugehen. Es steht Dir frei, auch über andere Theorien, z.B. über die von Parallelwelten, von außersinnlichen Fähigkeiten, von Energieschwingungen usw. nachzudenken.

Entscheidung

Das, was ich Dir vorgestellt habe, stellt nur eine Möglichkeit dar, eine Beschreibung zu finden; keine vollständige Erklärung und schon gar keine Wahrheit! Das Modell hat allerdings einen großen Vorteil: es lassen sich daraus neue Ideen und Handlungen ableiten. Laß Dich einfach überraschen und lies das nächste Kapitel. Wenn Dir dies Erklärungsmodell nicht zusagt, brauchst Du das Buch nicht gleich zuzuschlagen. Die Übungsbeschreibungen und die

Beschreibung

Beschreibungen der Objekte sind selbstverständlich von der Theorie ausgeschlossen!

1. KAPITEL

Hellsehen

In diesem Kapitel lernst Du, was Du beim Hellsehen tust. In den Unterkapiteln ab 1.2. stelle ich dann einige Objekte zum Hellsehen vor, die Du selbst anfertigen oder kaufen kannst.

1.1. Projektionen

Dia-Bilder

»Projizieren« bedeutet, etwas auf einer Fläche o.ä. abbilden! Diaprojektoren bilden beispielsweise Dias auf Leinwänden ab.

Hellsehen mit Objekten wie Kristallkugeln, Kristallen, Spiegeln, Scheiben u.ä. funktioniert genau so.

Du setzt Dich vor ein solches Objekt und mit der Zeit projizierst Du eines von künftigen Modellen der Welt darauf. In den folgenden beiden Unterkapiteln wird dies näher erklärt.

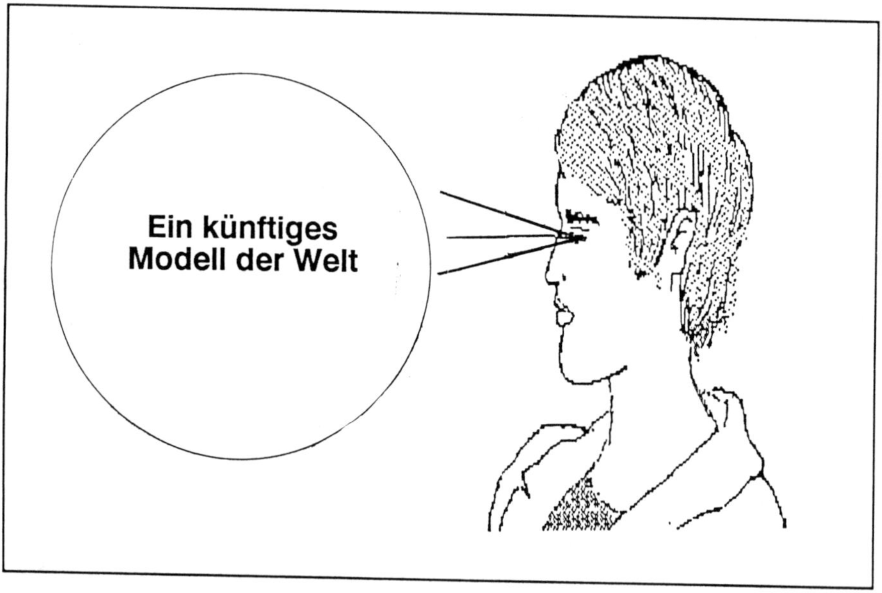

1.1.1. Dein Modell der Welt

Antizipation

Wie Du bereits weißt, antizipierst Du in jeder Sekunde ein Modell der Welt. Da Du dies fast immer unbewußt tust und auch noch denkst, es gäbe eine wirkliche Außenwelt, passieren Dir des öfteren unangenehme Dinge.

Speicher

Dein Unbewußtes kennt alle Möglichkeiten, welche passieren können. Es kann Dir die besten Tips geben, was Du tun solltest. Leider haben wir normalerweise nur einen sehr eingeschränkten Zugang zu unserem Unbewußten.

Schranke

Unser normales Bewußtsein - das Wachbewußtsein - funktioniert wie eine Art Schranke. Es läßt nicht alles vom Unbewußten nach oben dringen, es blockiert oft.

Das hat zweierlei Gründe:

Ursachen

1. Unser Wachbewußtsein denkt *logisch* und kausal.

Definition:

Kausal bedeutet »ursächlich zusammenhängend«.

Das heißt, es sucht nach Ursachen und Wirkungen, es verbindet Dinge miteinander. Es sagt zum Beispiel: "*Weil* gestern das und das geschah, passiert heute jenes!" Oder es sagt: "*Wenn* ich so handle, folgt das daraus!"

Das Unbewußte funktioniert anders! Es stellt solche Zusammenhänge nicht her. Man könnte es als *zirkulär* beschreiben. »Zirkulär« heißt, daß es 'im Kreis' denkt. Es denkt nicht logisch. Es zieht keine logischen Schlüsse.

Da wir uns fast immer mit dem Wachbewußtsein in der Umwelt orientieren, haben wir uns an die logische und kausale Denkweise gewöhnt. Unser Unbewußtes verwirrt uns. Manchmal bemerken wir das daran, daß wir nicht mehr klar denken können, uns verwirrt *fühlen*!

Filter

2. Unser Wachbewußtsein funktioniert wie eine Art Filter. Dadurch, daß es dafür sorgt, daß nicht alles aus dem Unbewußten nach oben dringt, werden wir nicht ständig verwirrt. Das Wachbewußtsein läßt nur die Vorstellungen durch, die wir für die Orientierung in der Umwelt brauchen. Es hat also eine durchaus wichtige Funktion!

Schluß

Daraus kannst Du 'kausal' schließen, daß es sich nicht immer als sinnvoll erweisen muß, wenn Du direkten Zugang zu Deinem Unbewußten hast. Du würdest vermutlich in einem ständigen Verwirrungszustand herumlaufen. Stell Dir vor, Du würdest beim Überqueren der Straße Deine Antizipationen mitbekommen. Das könnte sich sogar als lebensgefährlich erweisen, da Du nur mit Antizipieren beschäftigt wärest...

Trance

Für das Hellsehen brauchst Du den Kontakt zu Deinem Unbewußten, um die Antizipationen kennenzulernen. Hierfür gibt es nur eine Möglichkeit: Du mußt Dein Wachbewußtsein bis zu einem bestimmten Grad ausschalten. Trancetechniken erreichen genau das! Durch die Trance werden die normalen logisch-kausalen Denkprozesse ausgeschaltet, Dein Unbewußtes dringt zu Deinem Bewußtsein durch!

Das Wachbewußtsein muß ausgeschaltet werden!

Siehst Du jetzt in einer Trance auf ein Hellseh-Objekt, so projiziert Dein Unbewußtes Bilder o.ä. auf das Objekt. Für das Hellsehen wäre es nicht sinnvoll, sich in vollständiger Trance zu befinden. Du brauchst noch etwas Wachbewußtsein, um die Bilder, Worte, Gefühle oder ähnliches mitzubekommen. Für das Hellsehen reicht eine leichte Trance, wie Du sie mit den in Kapitel 2 beschriebenen Techniken erreichen kannst. Tiefe Trance haben z.B. Menschen in Hypnose. Sie können sich meist hinterher an nichts mehr erinnern.

Leichte Trance

Beim Hellsehen projiziert Dein Unbewußtes Bilder o.ä. auf ein beliebiges Hellseh-Objekt!

1.1.2. Vorausplanung

Für viele Wahrsager ist das, was sie beispielsweise in einer Kristallkugel sehen, absolute Wirklichkeit. Da sie nicht wissen, daß die Bilder aus ihrem Unbewußten kommen, glauben sie an *Vorhersagen* und meinen, sie hätten damit nichts zu tun.

Vorhersagen

Wir nehmen an, daß wir künftige Modelle der Welt antizipieren. Wir wissen, daß wir nicht wissen, ob es so etwas wie eine »wirkliche Wirklichkeit« überhaupt gibt. Was wir aber wissen ist: Selbst wenn es eine »wirkliche Wirklichkeit« geben sollte, sind wir nicht in der Lage, diese als die »Wirkliche« zu erkennen.

Existenz?

Wenn wir dies aber wissen, wie können wir dann sagen, *uns passiert etwas*? Sollten wir nicht vielmehr sagen: "*Wir lassen etwas passieren*?"

Passieren lassen

Ich denke ja!

Lernen

- Wenn Du das Hellsehen lernen willst,
- wenn Du aus dem lernen willst, was Du in Deiner Kristallkugel siehst,
- dürfte es sinnvoll für Dich sein, dies auch zu bejahen!

Warum?

Dein Unbewußtes ist eine Art guter Freund von Dir. Es ist immer nur bestrebt, Dir zu helfen. Es will Dir etwas beibringen und meldet sich, wenn etwas schiefgeht. Wenn Du Dich darüber ärgerst, daß etwas nicht so läuft, wie Du es Dir dachtest, ärgert sich Dein Unbewußtes auch. Du bekommst vielleicht Bauchschmerzen oder ähnliches. Bist Du Dir allerdings darüber im klaren, daß Du bestimmst, was passiert, so mußt Du auch wissen, daß Du bestimmst, wann und ob Du Dich ärgerst! Wenn Du so handelst, übernimmst Du für jede Regung Verantwortung. Du übernimmst Verantwortung für Deine Gefühle, für Dein Handeln und für Dein Denken. Dieses Verantwortungsgefühl wird sehr wichtig, wenn Du hellsiehst! Du weißt dann, daß Du bestimmst, was passiert. Du weißt, Du kannst auch etwas daran ändern.

Ich will das an einem Beispiel erklären. Lies dieses Beispiel sehr kritisch. Es zeigt Dir, was passieren kann, wenn jemand mit Hellseh-Objekten arbeitet, ohne sich auch nur die geringsten Gedanken über sich selbst zu machen.

Die Amateur-Hellseherin

"B. Tegtmeier (vgl. Literaturverzeichnis) schildert das Beispiel einer Frau, die sich seit elf Jahren mit verschiedenen Bereichen der Esoterik beschäftigt. Diese Frau hatte von klein auf hellseherische Fähigkeiten. Sie überlegte, ob sie als professionelles Medium arbeiten sollte und stellte folgende Frage: "Was wird geschehen, wenn ich als professionelles Medium arbeite?"

Erste Bilder

Die Fragende verwendete einen Kristall. In dem Kristall sah sie folgendes: Sie sieht sich selbst in einem schweren, mit Leder bezogenen Lehnstuhl vor einem großen Tisch sitzen. Der Raum ist klein. Das Sonnenlicht fällt auf die polierte hölzerne Tischplatte. Sie schaut auf die Tür, die sich ihrem Sitzplatz gegenüber befindet. Die Tür öffnet sich. Eine ältere Frau führt einen Mann in das Zimmer. Die Fragende kann die Gesichter der beiden Menschen nicht erkennen. Nachdem die beiden ins Zimmer getreten sind, blickt die Fragende durch die geöffnete Tür in ein großes Wartezimmer. An den Wänden stehen Stühle. Es befinden sich mehr als zehn Personen in dem Wartezimmer. Die Fragende erkennt niemanden, weiß jedoch, daß sie alle zu ihr wollen.

Die ältere Frau hat das Zimmer verlassen, der Mann sitzt ihr gegenüber. Die Fragende erkennt, daß der Mann offensichtlich einer ihrer Klienten ist, der bei ihr Rat und Hilfe sucht.

Die Szenerie wechselt

Es ist Abend geworden. Die Fragende sieht sich selbst aufstehen und aus dem Zimmer gehen. Sie durchquert das Wartezimmer und betritt einen Schlafraum. Nachdem sie sich eine Weile im Spiegel betrachtet hat, legt sie sich auf das Bett. Sie sieht sehr müde und abgespannt aus. Plötzlich dreht sie sich auf die linke Seite und preßt die Hände gegen ihren Leib, so als hätte sie starke Schmerzen. Mit der rechten Hand zieht sie die Schublade ihres Nachttischs auf und wühlt darin herum. Einige Schachteln fallen zu Boden. Dann scheint sie das Gesuchte gefunden zu haben. Sie zieht ein kleines braunes Medizinfläschchen hervor und schüttet daraus mehrere Tabletten auf ihre Hand. Hastig stopft sie sich ein paar in den Mund und schluckt sie mit sichtlicher

Mühe herunter. Sie streckt sich nun wieder aus und scheint sich ein wenig zu entspannen.

Krankheit

Die Fragende sieht nun in schneller Folge verschiedene Bilder und Szenen im Kristall auftauchen: Sie sieht sich selbst in einer Bank, eine große Summe Bargeld auf ihr Konto einzahlend. Ein anderes Bild zeigt, wie sie in ihrem Wohnzimmer mit einem Mann streitet, mit dem sie seit langem befreundet ist. Sie sieht sich selbst im Wartezimmer ihres Arztes. Dieser betrachtet ihre Röntgenaufnahmen und rät ihr, sich einer Operation zu unterziehen. Sehr abrupt erscheinen dunkle Wolken im Kristall - die Fragende sieht nichts mehr.

Schluß

Nach dieser Sitzung weiß die Fragende, daß sie mit erheblichen gesundheitlichen Belastungen rechnen müßte, wenn sie als professionelles Medium arbeitete. Andererseits wäre sie sehr erfolgreich, viele Menschen würden zu ihr kommen, um sie um Rat und Hilfe zu bitten, was auch einen finanziellen Gewinn für sie bedeutete. Die Entscheidung, als professionelles Medium zu arbeiten, schiene sich leider auch unangenehm auf ihre persönlichen Beziehungen auszuwirken; sie erkennt, daß sie dadurch einige ihrer langjährigen Freunde verlieren würde.

Die Fragende entscheidet sich gegen eine Tätigkeit als professionelles Medium, da sie ihre Gesundheit nicht aufs Spiel setzen will."

Andere Möglichkeiten

Stell Dir vor, was diese Frau alles hätte tun können, wenn sie wüßte, daß sie für alles verantwortlich ist. Sie hätte sich überlegen können, was ihr Unbewußtes ihr tatsächlich mitteilen wollte. Vielleicht wollte es ihr sagen: "*Du hast momentan eine sehr ungesunde Einstellung zu Deiner Arbeit.*

Damit bin ich nicht einverstanden. Wenn Du diese beibehältst, passiert Dir das, was ich Dir in der Kugel zeigte." Hätte die Fragende dies berücksichtigt, wäre ihre Entscheidung vielleicht anders ausgefallen. Statt dessen nahm sie das, was sie in der Kugel sah als absolute Wirklichkeit an. Sie nahm an, daß daran nichts geändert werden könne und gab ihre Überlegung, ein Profi zu werden, auf.

Vorausplanung

Ich denke, es gibt einen kleinen Trick, dieses Problem zu umgehen. Wenn Du von Anfang an statt von *Vorhersagen* von *Vorausplanung* redest, vergißt Du nicht, wer für alles verantwortlich ist. Du nimmst Dir nicht die Möglichkeit, Neues zu lernen und Dein Unbewußtes tatsächlich als Ratgeber zu akzeptieren!

Vorausplanung statt Vorhersage!

1.2. Kristallkugeln, Spiegel und andere Objekte

Hellseh-Objekte

Jetzt lernst Du die wichtigsten Objekte kennen, die Du zum Hellsehen benötigst. Ich empfehle Dir, mit wenigstens zwei verschiedenen Objekten zu arbeiten. Gerade, wenn Du mit dem Hellsehen anfängst, ist dies sinnvoll. Jeder Mensch reagiert anders auf die Objekte. Der eine arbeitet besser mit einer Kugel, der nächste mit einer Sandscheibe. Du solltest zu Beginn experimentieren. Manchmal hängt die Wahl des Objektes auch von Deiner Stimmung ab. Deshalb ist es gut, ein Ersatzobjekt zu haben.

1.2.1. Kristallkugel

Bergkristall

Die echten Kristallkugeln werden aus Bergkristall hergestellt. Sie sind selten und ziemlich teuer. Von ihnen wurde der Name »Kristallkugel« abgeleitet.

Kristallkugeln haben normalerweise eine Größe von 10 bis 12 cm, es gibt aber auch kleinere. Wenn Du mit einer Kristallkugel hellsehen willst, empfehle ich Dir diese Größe. Kleinere Kugeln können auf Dauer ziemlich anstrengend werden. Stell Dir nur vor, Du siehst 1/2 Stunde lang auf eine Kugel von 5 cm Größe! Außerdem siehst Du in einer größeren Kugel mehr.

Nachteil

Kugeln aus Bergkristall haben oft den Nachteil, daß sie nicht lupenrein sind. Willst Du mit einer echten Bergkristallkugel arbeiten, so berücksichtige dies. Kleine Risse in der Kugel, Luftblasen oder ähnliches beeinträchtigen die Schärfe der Bilder, die Dein Unbewußtes hineinprojiziert.

Glas und Plastik

Preiswerter und meist reiner sind Kugeln aus Glas oder Plastik. Ja, es gibt inzwischen Kristallkugeln aus Plastik, mit denen man gut arbeiten kann.

Geschliffenes Glas

Die reinsten Kugeln sind die aus geschliffenem Glas. Sie kosten allerdings fast so viel, wie die Bergkristallkugeln. Am besten siehst Du Dir einmal ein paar unterschiedliche Kugeln an und entscheidest erst dann, welche Du Dir zulegen willst.

Holzrahmen

Für jede Kristallkugel benötigst Du einen Ständer, damit sie nicht wegrollt und zerbricht. Du kannst Dir einen runden Holzrahmen besorgen oder selbst einen basteln und die Kugel darauf legen. Im Notfall tut es auch ein Schaumstoffring oder ähnliches.

Samttuch

Viele Wahrsager arbeiten zusätzlich mit einem schwarzen Samttuch, das sie über den Rahmen legen. Das schützt die Kugel vor Beschädigungen an der Oberfläche.

Der Vorteil von Kristallkugeln:

Das Schöne an Kristallkugeln ist, daß sie Bilder dreidimensional zeigen. Auch Räume und Farben lassen sich gut erkennen. Die Kristallkugel scheint den Blick in ihr Inneres zu ziehen, was Deine Trance unterstützt .

Der Nachteil von Kristallkugeln:

Kristallkugeln verzerren! Durch die Rundung der Kugel werden die Bilder häufig verzerrt. Viele stört das nicht. Du mußt selbst prüfen, ob es Dich irritiert. Außerdem sind Kristallkugeln im Verhältnis zu Spiegeln sehr klein. Du benötigst mehr Konzentration, um auf eine kleine Kugel zu schauen als auf einen großen Spiegel. Du mußt prüfen, ob Deine Augen den Blick auf die Kristallkugel anstrengend finden, ob sie beginnen zu tränen oder zu brennen.

1.2.2. Kristalle

Quarze und Edelsteine

Du kannst mit allen durchsichtigen Kristallen hellsehen. Geeignet sind Bergkristalle und Quarze, aber auch reine Edelsteine.

Reinheit

Hier gilt das gleiche wie bei der Kristallkugel: Sie sollten rein sein, keine Risse, Sprünge oder Luftblasen enthalten.

Konzentration

Manche Wahrsager arbeiten mit Kristallen, die zur einen Hälfte halb durchsichtig, zur anderen ein paar Luftblasen oder Risse enthalten. Sie sagen, daß sie sich dann besser konzentrieren können. Sie fixieren ihren Blick auf eine Luftblase. Tauchen die ersten Bilder auf, wandert ihr Blick zur klaren Hälfte über.

Klarheit für's Sehen

Du solltest selbst herausfinden, mit welchen Kristallen Du am besten arbeiten kannst. Es gibt keine allgemeingültige Regel. Nur eines steht fest: Für das Sehen, also für den Teil, wo die ersten Bilder auftauchen, benötigst Du einen klaren Kristall!

Preise

Kristalle erhältst Du bei jedem Juvelier oder Goldschmied, manchmal auch bei esoterischen Versänden. Die Preise hängen von der Größe und der Reinheit der Kristalle ab. Meist sind sie aber teurer als Kugeln.

Unterlage

Auch für den Kristall rate ich Dir, einen Ständer oder eine Unterlage zu besorgen. Wenn Du den Kristall beim Sehen in die Hand nehmen willst, so lege immer ein Tuch darunter. Warum Du dies tun solltest, erkläre ich in Kapitel 2.1.

Vorteile der Kristalle:

Kristalle sind handlich und meist nicht besonders schwer. Man kann sie problemlos mit zur Arbeit nehmen und zwischendurch mal einen Blick hineinwerfen. Kristalle geben Farben ganz besonders schön und klar wieder.

Nachteile der Kristalle:

Sie verzerren Bilder fast noch mehr als Kugeln. Wie bei den Kugeln mußt Du prüfen, ob Dich das stört.

1.2.3. Spiegel

Es gibt viele Möglichkeiten, mit Spiegeln hellzusehen. Du kannst Schwarzspiegel oder normale Spiegel verwenden. Es eignen sich Uhrgläser, Taschenspiegel und auch richtig große Wandspiegel.

Viele Möglichkeiten

Der normale Spiegel:

Nimm einfach einen ganz normalen Spiegel mit einer Größe, die für Dich angenehm ist. Achte darauf, daß das Sehen in zu kleine Spiegel sehr anstrengend werden kann. Ich arbeite mit drei verschiedenen Spiegelgrößen. Der eine hat die Größe von 10 x 10 cm und ist rund, der nächste hat die Größe eines Badezimmerspiegels und der dritte eine von 1 x 1,50 m!

Einfacher Spiegel

Vorteile von Spiegeln:

Spiegel verzerren kaum. Du kannst sie in allen Größen erhalten - somit auf Deine Bedürfnisse abstimmen.

Kaum Verzerrungen

Nachteile von Spiegeln:

Räumliches Sehen

Das räumliche Sehen funktioniert oft nicht so gut wie bei der Kristallkugel. Allerdings scheiden sich hier die Geister. Einige Wahrsager behaupten das Gegenteil. Es gilt also: Prüfe selbst!

Der Schwarzspiegel:

Dunkle Glasplatten

Schwarzspiegel sind sehr, sehr dunkle Glasplatten, meistens dunkelrot oder grün, die fast vollständig lichtundurchlässig sind. Völlig schwarzes Glas mit glatter Oberfläche bekommt man nur in extrem seltenen Fällen zu Fantasiepreisen. Sogenanntes Schweißglas ist sehr gut geeignet und wird meistens als Schwarzspiegel verkauft. Es ist allerdings nicht billig und auch nicht in beliebiger Größe lieferbar. Alternativ dazu kannst Du auch schwarzes Plexiglas verwenden. Du mußt dann allerdings vorsichtig mit Deinem Schwarzspiegel umgehen. Plexiglas zerkratzt leicht. Eine andere Möglichkeit besteht darin, einen normalen Spiegel zu nehmen und ihn mit schwarzer Acrylfarbe anzustreichen. Wichtig ist nur, daß Du eine glatte, stark glänzende Oberfläche erhältst.

Vorteil von Schwarzspiegeln:

Gedanken ansaugen

Schwarzspiegel saugen die Gedanken so richtig an. Viele Wahrsager haben festgestellt, daß sie nicht nur Bilder, sondern auch Gedanken oder Gefühle bekommen, die sich hinterher als Vorausplanungen erwiesen haben. Wenn Du so etwas bei Dir bemerkst, solltest Du es einmal mit einem Schwarzspiegel versuchen!

Uhrgläser:

Konvex

Uhrgläser haben einen großen Vorteil und einen großen Nachteil. Der Vorteil besteht darin, daß sie auf einer Seite konvex sind. Konvex heißt, daß eine Seite abgerundet wird, also eine Wölbung aufweist. Diese Wölbung erleichtert das räumliche Sehen. Der Nachteil besteht in der Größe. Es gibt kaum noch konvexe Uhrgläser von der Größe 10 x 10 cm. Aber Du kannst es ja einmal bei speziellen Firmen, die Uhrenbauteile für Bastler verkaufen, probieren. Wenn Du Glück hast, findest Du ein solches Glas in einem alten Wecker von Anno dazumal. Uhrgläser kannst Du leicht zu Schwarzspiegeln umfunktionieren - streiche sie einfach mit Acrylfarbe an.

Für alle Spiegel gilt:

Sie sollten gerahmt werden!

Die normalen Spiegel erhältst Du meist mit Rahmen, Uhrgläser dagegen seltener. Für diese eignen sich als Rahmen Deckel von Dosen oder Gläsern.

Ein kleiner Tip für Feinschmecker:

Tunneleffekte

Wenn Du mehrere Spiegel so aufstellst, daß Du sie in einem Spiegel sehen kannst, erzielst Du interessante Effekte. Du kannst ganze Tunnel von Räumen sehen, da jeder Spiegel den anderen reflektiert. Es gibt auch spezielle 'Endlos'-Spiegel.

1.2.4. Wasserspiegel

Einfach

Für Wasserspiegel brauchst Du nichts weiter als eine Schüssel und Leitungswasser!

Prüfen

Nicht jeder arbeitet gern mit Wasserspiegeln, da man sich über sie beugen muß, um etwas zu sehen. Prüfe, ob Du es anstrengend findest, Dich über einen Wasserspiegel zu beugen. Ist dies der Fall, solltest Du mit anderen Objekten arbeiten. Es könnte die Seh-Ergebnisse beeinträchtigen.

Bei Anstrengung: Arbeite mit anderen Objekten!

Schwarze Wasserspiegel

Auch aus Wasserspiegeln kannst Du Schwarzspiegel machen. Du brauchst hierfür nur schwarze Tusche, die Du hineingibst. Du solltest gut umrühren, sonst ziehen sich Tuschefäden und -wölkchen durch Deine Bilder...

1.2.5. Sandscheiben und Schwarzscheiben

Selbst herstellen

Die Scheiben eignen sich für jeden Seher und sind zudem noch billig - Du kannst sie nämlich selbst machen!

Herstellung von Sandscheiben:

Sandscheiben

- Besorge Dir ein Stück Papier oder Pappe (Größe ungefähr DIN A4).
- Male darauf mit einem Zirkel einen Kreis. Die Größe solltest Du selbst festlegen, jedoch nicht kleiner als 10 cm im Durchschnitt.

- Jetzt nimm Klebstoff und verteile ihn in dem Kreis gleichmäßig.
- Besorge Dir feinen Sand, wie Du ihn in Sandkisten findest. Eine andere Möglichkeit ist Vogelsand, den Du in Zoohandlungen erhältst.
- Streue diesen Sand gleichmäßig auf den Kreis mit dem Klebstoff.
- Jedes kleinste Fleckchen soll mit Sand bedeckt werden.
- Streiche den Sand ganz glatt, bis er den gesamten Kreis glatt und gleichmäßig bedeckt.
- Jetzt lasse ihn einen Moment ruhen, bis der Klebstoff getrocknet ist.
- Zum Schluß hebe das Papier oder die Pappe und schüttele den überflüssigen Sand ab. Fertig ist Deine Sandscheibe!

Herstellung einer Sandscheibe!

Materialien:

Für die Scheibe: Holz, Pappe, festes Papier.

Sand: Feiner Sandkastensand, Vogelsand o.ä.

Klebstoff

Herstelllung:

1. Die Scheibe gleichmäßig mit Klebstoff bestreichen.
2. Den Sand gleichmäßig darüber streuen
3. Trocknen lassen, überflüssigen Sand abschütteln.

Herstellung von Schwarzscheiben:

Schwarzscheiben

- Besorge Dir Papier oder Pappe wie bei der Sandscheibe.
- Ziehe wieder Deinen Kreis mit dem Zirkel.
- Fülle den Kreis mit dicker schwarzer Tusche oder einem wasserfesten schwarzen Stift.
- Es soll der ganze Kreis vollständig schwarz sein!
- Laß die Farbe trocknen und fertig ist Deine Schwarzscheibe!

Vorteil von Scheiben:

Andere Sinne

Die Scheiben eignen sich besonders für Menschen, die beim Hellsehen kaum Bilder bekommen, sondern eher Worte, Gefühle oder Gerüche. Scheiben sind billig und leicht herzustellen.

Nachteil von Scheiben:

Kaum Bilder

Im Gegensatz zu den anderen Objekten bekommt man bei Scheiben nur schwer klare und bunte Bilder.

2. KAPITEL

Praktisch Hellsehen

In diesem Kapitel findest Du die ersten Übungen. Du lernst die richtigen Blicktechniken kennen, weißt, wie Du störende Gedanken ausschalten kannst. Außerdem wird die Fragetechnik zum Hellsehen genau beschrieben - so schaltest Du Mißverständnisse mit Deinem Unbewußten aus.

2.1. Das Umgehen mit den Objekten

Sorgfalt

Egal, ob Kugel, Kristall, Spiegel oder ähnliches: Die Objekte sollen immer mit besonderer Sorgfalt behandelt werden. Das hat keinen mystisch-magischen Grund, sondern einen ganz simplen:

Aufmerksamkeit

- Wenn Du einen Gegenstand mit besonderer Sorgfalt behandelst, schenkst Du ihm besondere Aufmerksamkeit. Hellsehen ist etwas Besonderes und nichts Alltägliches! Wenn Du die Objekte mit Sorgfalt und Aufmerksamkeit behandelst, behandelst Du auch das Hellsehen so aufmerksam und sorgfältig. Aufmerksamkeit ist beim Hellsehen vonnöten!

Achtlosigkeit

- Wenn Du einen Gegenstand achtlos behandelst, schenkst Du ihm wenig Aufmerksamkeit. Tust Du dies bei den Hellseh-Objekten, behandelst Du auch das Hellsehen unaufmerksam - wichtige Informationen können Dir entgehen.

Mitteilungen

- Außerdem: Auch Dein Unbewußtes will aufmerksam behandelt werden! Es hat die Möglichkeit, sich über die Objekte mitzuteilen. Gehst Du achtlos mit den Objekten um, kann es passieren, daß Dir Dein Unbewußtes nichts mehr mitteilt, weil es sich unbeachtet fühlt!

Kleinigkeiten

Überlege Dir, was Du als »besondere Sorgfalt« bezeichnest. Schon Kleinigkeiten, wie eine hübsche Kiste zur Aufbewahrung, können ausschlaggebend sein. Ein paar Tips zur Sorgfalt kann ich Dir hier geben.

- Reinige Kugeln, Spiegel und Kristalle regelmäßig. Du kannst sie einmal pro Woche mit lauwarmem Wasser abwaschen und mit einem Wildledertuch von Staub befreien. *Reinigung*

- Bewahre die Objekte an einem besonderen Ort auf. *Aufbewahrung*

- Lasse sie nie von anderen Menschen anfassen - sie sind Deine Werkzeuge und schwingen sich mit der Zeit auf Dich ein! *Schwingungen*

- Fasse sie nicht direkt an, sondern benutze (mit Ausnahme bei der Reinigung) hierfür immer ein Tuch. Es eignen sich schwarze Samttücher o.ä. *Schonung*

Wenn Du Zeremonien magst, kannst Du jedes Mal, bevor Du mit dem Hellsehen beginnst, folgendes tun: *Zeremonien*

- Nimm eine Dusche oder ein Bad. Das hilft beim »Umschalten« vom Alltag. *Umschalten*

- Fasse die Kugel oder den Spiegel immer in der gleichen Weise an. Z. B. mit der linken Hand das Kästchen öffnen, vorsichtig mit der rechten das Tuch über dem Objekt lüften, es mit der rechten herausholen, mit der linken das Tuch wieder hineinlegen, mit der rechten das Kästchen schließen o.ä. *Anfassen*
- Du kannst auch vor dem Sehen mit beiden Händen im Abstand von 5 cm über das Objekt streichen.
- Deiner Phantasie sind keine Grenzen gesetzt und Rituale oder Zeremonien fördern die Aufmerksamkeit.

2.2. Blicktechniken

Raum und Lichteinwirkung

Bevor ich zu den Übungsbeschreibungen der unterschiedlichen Blicktechniken komme, möchte ich noch einiges über den Raum, die Lichteinwirkung und das Aufstellen der Objekte beim Sehen sagen.

Zu dem Raum, in dem Du hellsiehst:

Zum Raum

- Grundsätzlich ist es wichtig, daß Du in Ruhe arbeiten kannst.
- Wenn Du es Dir leisten kannst, richte einen einzigen Raum nur für diese Arbeit ein.
- Verhindere, daß Dich irgendjemand bei Deiner Arbeit stört.
- Bitte Familienangehörige oder Mitbewohner, Dich in der Zeit, in der Du arbeitest, in Ruhe zu lassen.
- Es empfiehlt sich, besondere Zeiten für das Hellsehen festzulegen und diese Zeiten den Mitbewohnern mitzuteilen.
- Bringe ein Schild an Deiner Tür an: "Bitte nicht stören!"
- Ungeeignet sind Räume, die als »Durchgangsbahnhöfe« benutzt werden, wie Flur und Küche.
- Ungeeignet sind Räume, die zum Schlafen anregen. Du willst Dich in eine Trance begeben und bist in diesem Zustand für alle Arten von Schwingungen äußerst empfänglich. Jeder Raum hat seine eigene Schwingung und Du wirst wohl kaum Bilder in Deiner Kristallkugel sehen, wenn Du einschläfst!

Zur Lichteinwirkung:

Licht

- Hier kann ich Dir keine grundlegenden Tips geben, Du mußt mal wieder prüfen!
- Für den einen eignen sich Räume, die indirekt beleuchtet sind.
- Der nächste braucht das direkte Sonnenlicht.
- Wieder ein anderer arbeitet mit Kerzen neben den Objekten.
- Der andere mit Neonlicht usw. usf.

Lichtreflexe

- Auch Lichtreflexionen werden unterschiedlich beachtet!
- Die einen erzielen gute Effekte, wenn sich die Kerze im Wasser spiegelt.
- Die anderen werden erheblich in ihrer Arbeit gestört, wenn sich Licht im Objekt spiegelt.

Aufmerksamkeit

- Spiele alle Möglichkeiten einmal durch und mache Dir Notizen. Erst dann entscheide, welches Licht Du wählen willst und behalte es dann bei. Vielleicht unterscheiden sich die Ergebnisse auch je nach Objekt. Du mußt hier ganz aufmerksam sein.

Zum Aufstellen der Objekte:

- *Kristallkugel*:

Tisch

- Die Kristallkugel stellst Du am besten vor Dich auf einen Tisch.
- Du selbst sitzt bequem und locker auf einem Stuhl.
- Den Abstand Deiner Augen zu der Kugel mußt Du selbst festlegen. Viele bevorzugen einen Abstand von ca. 30 cm, so daß sie mit leicht gesenkten Augenlidern in die Kugel sehen können.

- Nimm die Kugel besser nicht in die Hand - zu leicht fällt sie herunter.

- *Kristalle*:

Hand

- Einen Kristall kannst Du in die Hand nehmen oder auch, wie die Kugel, vor Dich auf den Tisch legen.

- *Spiegel*:

- Kleine Spiegel, wie Uhrgläser und Taschenspiegel nimm in die Hand.
- Mittelgroße Spiegel kannst Du flach oder schräg auf den Tisch legen, an der Wand befestigen oder in die Hand nehmen.
- Große Spiegel stelle an die Wand.
- Du mußt prüfen, ob sich ein schräg aufgestellter Spiegel für Dich eignet. Man hat dabei oft das Gefühl, in den Spiegel hineinzufallen. Das fördert die Trance, kann aber auch zu so großer Trance führen, daß Du nichts mehr mitbekommst. Du mußt das austesten.

- *Wasserspiegel*:

Aufstellen

- Wasserspiegel stellst Du immer vor Dich auf den Tisch.
- Nimm sie nie auf den Schoß, die Wellen, die durch Bewegung erzeugt werden, lenken ab.
- Du mußt Dich über den Wasserspiegel beugen, was manche auf Dauer sehr anstrengend finden.
- Versuche, die bequemste Stellung zu finden.

- *Scheiben*:

Befestigen

- Scheiben legst Du auf den Tisch oder befestigst sie an der Wand.

2.2.1. Starren

Techniken

Jetzt beginne mit der ersten Übung. Alle in den folgenden Kapiteln beschriebenen Blicktechniken eignen sich für das Hellsehen. Leider kann ich Dir wieder nicht sagen, welche Technik sich für Dich am besten eignet. Wie immer: Probiere aus!

Für alle Techniken gilt folgendes:

Achtung:

- Senke immer leicht die Augenlider, sonst wird es zu anstrengend.
- Wenn Tränen kommen, laß sie fließen. Das gibt sich nach einer Weile. Nach einiger Zeit bildet sich ein feuchter Film auf Deinen Augen und Du mußt auch nicht mehr blinzeln. Fortgesetztes Tränen deutet auf Augenverspannungen hin und Du solltest dann zunächst ein paar Entspannungsübungen für die Augen machen. Meist hilft schon das wiederholte Zukneifen und Lockerlassen der Augen.
- Strenge Dich niemals an, verkrampfe Dich nicht, laß die Augenlider locker.
- Wenn Deine Augen doch einmal hinterher brennen oder leicht gerötet sind:
    - Nimm ein dunkles, kühles Tuch und lege es Dir ein paar Minuten auf die Augen.

Strenge Dich niemals an und verkrampfe Deine Augen nicht!

Nun zum Starren:

Vorgehensweise

- Setze Dich locker auf einen Stuhl. Rücken gerade an der Lehne, die Arme können herunterhängen oder auf den Armlehnen liegen.
- Suche Dir in Augenhöhe einen festen Punkt oder Gegenstand und fixiere ihn.
- Achte auf die leicht gesenkten Augenlider, Du mußt die Höhe darauf abstimmen.
- Vermeide Blinzeln.
- Lasse die Augen locker, verkrampfe Dich nicht.
- Beginne am Anfang mit Übungen von ca. 2 Min und übe täglich mehrmals!
- Steigere nach und nach die Übungsdauer, bis Du 15 Minuten ohne Anstrengung sehen kannst. Für's spätere Sehen benötigst Du längere Seh-Zeiten, für den Anfang reichen die 15 Minuten.
- Bleibe konzentriert. Wenn Du merkst, daß Deine Gedanken oder Blicke abschweifen, brich lieber ab!

2.2.2. Peripherer Blick

Geduld

Dieser Blick ist etwas schwerer zu üben. Du brauchst etwas Geduld, bis Du ihn richtig beherrschst. Die Übungszeiten sind die gleichen wie beim Starren!

Nun zum peripheren Blick:

Vorgehensweise

- Setze Dich locker auf einen Stuhl ohne Armlehnen, Rücken gerade an der Stuhllehne.
- Hebe Deine Arme seitwärts nach vorne bis in Augenhöhe an, so daß Dein Körper ein Kreuz bildet.
- Balle beide Fäuste und strecke die Daumen nach oben ab.

- Versuche, den linken und den rechten Daumen gleichzeitig zu sehen. Dein Blickfeld wird etwas verschwimmen, aber das ist beabsichtigt.
- Finde den Punkt, an dem Du beide Daumen sehen kannst.
- Bewege Deine Arme leicht noch etwas mehr nach hinten. Kannst Du beide Daumen sehen? Führe dies solange fort, wie Du sie gerade noch sehen kannst.
- Bleibe konzentriert, brich lieber ab, wenn Deine Gedanken abschweifen.
- Diesen Blick mußt Du Du solange üben, bis Du ihn auch ohne Arme beherrschst. Hellsehen mit zur Seite gestreckten Armen ist anstrengend und nicht gerade erfolgversprechend...

2.2.3. Vorgelagerter Blick

Abbremsen

Bei diesem Blick versuchst Du, einen Gegenstand anzusehen, den Blick aber kurz vor ihm abzubremsen. Du fixierst also einen Punkt in der Luft vor einem Gegenstand.

Zum vorgelagerten Blick:

Vorgehensweise

- Suche Dir einen Gegenstand in Augenhöhe. Der Gegenstand sollte etwa 50 cm entfernt sein.
- Halte Deinen Zeigefinger hoch, so daß sich die Spitze Deiner Zeigefingers adirekt zwischen dem Gegenstand und Deinen Augen befindet.
- Jetzt sieh abwechselnd schnell hintereinander vom Zeigefinger zum Gegenstand und wieder zum Zeigefinger.
- Wiederhole dies einige Male, bis es nicht mehr anstrengend ist.
- Jetzt lasse den Zeigefinger weg. Tue aber so, als ob er sich noch an der Stelle befände.

- Bremse Deinen Blick an der Stelle, wo sich vorher der Zeigefinger befand.
- Wechsle zwischen diesem Punkt und dem Gegenstand mehrmals hintereinander.

2.2.4. Zwischenräume sehen

Große Hilfe

Auch dieser Blick ist eine große Hilfe beim Hellsehen. Wie alle anderen Blicktechniken brauchst Du eine Weile, bis Du ihn ohne Hilfsmittel durchführen kannst. Bedenke: Du erzielst erst dann Seh-Erfolge, wenn Du wenigstens eine Blicktechnik problemlos beherrschst.

Nun zum Zwischenräume sehen:

Vorgehensweise

- Setze Dich wieder bequem auf einen Stuhl, Rücken gerade an der Lehne.
- Vor Dir auf dem Tisch oder auf Deinem Schoß liegt ein Blatt Papier.
- Jetzt lege Deine Hände mit den Handinnenflächen zusammen, so daß ein Zwischenraum verbleibt, durch den Du hindurchschauen kannst. Die korrekte Handhaltung erinnert an die katholische Bethaltung.
- Halte sie so über das Papier.
- Versuche, durch den Leerraum auf das Papier zu sehen.
- Nach einiger Zeit solltest Du Lichtfäden oder Lichtumrisse erkennen können.
- Bei dieser Technik spielt die Lichteinwirkung eine große Rolle. Experimentiere, welches Licht sich für Dich eignet.
- Wenn Du Lichtfäden siehst, kannst Du denselben Blick auch bei Gegenständen anwenden!

2.3. Das Ausschalten störender Gedanken

Leichte Trance

Wie Du bereits weißt, bekommst Du nur ungehinderten Kontakt zu Deinem Unbewußten, wenn Dein Wachbewußtsein ausgeschaltet wird. Du brauchst den Zustand leichter Trance hierfür und in Kapitel 2.3.2. lernst Du ein paar Entspannungsübungen kennen, die Dir dabei helfen.

Noch eine kleine Anmerkung zu den Blicktechniken:

Veränderung

Wenn Du bei Deinen Übungen mit Deinem Objekt, egal ob Kristallkugel, Spiegel oder Sandscheibe, den Blick veränderst, wird sich auch das verändern, was Du siehst.

In anderen Worten:

Verschwinden

Wenn Du in Deiner Kristallkugel ein Gesicht siehst und vor lauter Überraschung den Blick wechselst oder anfängst zu blinzeln, wird das Gesicht höchstwahrscheinlich wieder verschwinden. Daher behalte bei allen Hellsehtechniken den einmal eingenommenen Blick während der Sitzung bei!

Behalte immer Deinen Blick bei, sonst verschwinden die Bilder!

Ein paar Worte zur Trance:

Löcher in die Luft

Eigentlich ist Trance gar nicht schwer. Jeder Mensch kennt Trance, obwohl die meisten sie nur selten bemerken. Erinnere Dich an Deine Schulzeit. Hast Du manchmal Löcher in die Luft gestarrt und gleichzeitig an nichts und alles gedacht? Du befandest Dich garantiert in einer leichten Trance!

Jeder Mensch befindet sich häufig in leichter Trance!

Streiche

Trance bewußt herbeizuführen und beizubehalten, ist etwas schwieriger. Da Du in Trance Kontakt zu Deinem Unbewußten bekommst, kann Dir dieses einige Streiche spielen.

Abschweifen

Z.B. führst Du die Trance herbei, denkst gerade noch, Du wärest konzentriert und *plopp* Dein Abendessen fällt Dir ein. Andauernd verfolgen Dich Gedanken an gebratene Hähnchen oder ähnliches. Hier hilft nur eines: Regelmäßiges Üben und: Stelle Dir ab und zu folgende Fragen:

- Was will ich mit meiner Trance erreichen?
- Wofür tue ich das gerade?
- Wann hatte ich bisher die besten Ergebnisse?
- Welches Gefühl hatte ich in Trance?
- (Das Erinnern an dieses Gefühl ruft oft schon die Trance hervor.)

Wenn gar nichts hilft und Deine Gedanken immer noch abschweifen, brich das Sehen lieber ab und fang später noch einmal an.

Stimmung

Bedenke auch, daß Deine Stimmung sehr wichtig für die Arbeit ist. Wenn Du Dich aufgeregt, nervös oder ärgerlich fühlst, beruhige Dich erst einmal, bevor Du beginnst. Bist Du müde, halte lieber ein kleines Nickerchen oder gehe spazieren.

2.3.1. Bewußt vorausplanen

Vorher

Die Übung in diesem Kapitel solltest Du machen, *bevor* Du mit dem Hellsehen beginnst. In Kapitel 1.1.2. hatte ich ein Beispiel aufgezeigt, welche Fehler auftreten können, wenn man nicht die volle Verantwortung für sein Handeln auf sich nehmen will.

Nun hört sich Verantwortung übernehmen leichter an, als es ist. Verantwortung zu übernehmen ist aber wichtig, wenn Du klare Ergebnisse bekommen willst. Dein Unbewußtes will ernstgenommen werden. Diese Übung wird Dir helfen, für alles Verantwortung zu übernehmen, was Du siehst, hörst, fühlst, riechst und schmeckst. Dadurch übernimmst Du auch Verantwortung für das, was Dir passiert und es erleichtert Dir, Antizipationen bewußt zu erleben.

Ein kleiner Ausflug, der Dir vielleicht Spaß macht:

Gott

Hast Du Dir eigentlich schon einmal Gedanken darüber gemacht, wie »Gott« erklärt wird? Wenn man sich die Bibel anschaut, stellt man fest, daß das hauptsächliche, was über Gott gesagt wird, lautet: Gott ist der Schöpfer. Er hat die Welt erschaffen.

Schöpfer

Ich will an dieser Stelle nicht darüber reden, ob es Gott nun wirklich gibt oder nicht. Das kannst Du nur für Dich entscheiden. Eines finde ich allerdings sehr interessant: Wenn Du Deine Umwelt selbst erschaffst, wenn Du selbst planst, was Du siehst, hörst, riechst, schmeckst und fühlst, dann bist Du selbst Schöpfer all Deiner Erlebnisse! Du konstruierst Dir Deine Umwelt! Du tust dies jeden Tag, jede Minute, jede Sekunde neu - einschließlich der Zeit. Man könnte also sagen: Du selbst bist Gott, denn Du erschaffst Dir Deine Welt!

Genau mit dieser Überlegung hängt die folgende Übung zusammen. Sie heißt die »Gottübung«!

Teil 1 der Gottübung:

Vorgehensweise

- Beginne Deinen Tag mit folgendem Gedanken: "*Ich bin Gott und erschaffe mir meine Welt.*"
- Sage Dir mehrmals täglich: "*Ich bin für alles verantwortlich. Für das, was ich sehe, was ich höre, was ich fühle, was ich rieche und was ich schmecke!*"
- Erkenne alles, was Du wahrnimmst, als von Dir erschaffen an. Bewundere das, was Du erschaffen hast!
- Bevor Du einschläfst sage Dir: "*Ich bin Gott und erschaffe mir meine Welt.*"
- Tue dies eine Woche lang.

Teil 2 der Gottübung:

Vorgehensweise

- Mache weiter Teil 1 dieser Übung, aber ergänze um folgendes:
- Plane, was Du am Tag tun willst. Nimm Dir einfache Dinge vor wie: "*Heute sage ich meiner Mutter etwas liebes und sie wird darüber lächeln.*"
- Plane für jeden Tag drei solcher Dinge.
- Tue auch dies eine Woche lang.

Teil 3 der Gottübung:

Vorgehensweise

- Wie Teil 2, aber jetzt beginne zusätzlich, selbst zu bestimmen, was passiert.
- Plane etwa wie folgt: "*Heute wird mir jemand etwas Nettes sagen!*"

- Steigere dies, indem Du sagst: "*Heute finde ich ein 1,-- DM-Stück auf der Straße.*"
- Steigere weiter, indem Du sagst: "*Heute bekomme ich etwas geschenkt.*"
- Usw. usf.
- Wenn Du dies eine Weile geübt hast, wirst Du feststellen, daß es tatsächlich geschieht - es trifft ein!

- Du hast begonnen, Antizipationen bewußt vorzunehmen. Zwar erstreckt sich das nur auf ein paar Dinge, aber je öfter Du es machst, desto genauer und umfangreicher kannst Du werden.

Antizipationen

Du bestimmst bewußt vorher, was geschieht!

Was hat die Gottübung mit dem Ausschalten störender Gedanken zu tun?

Der Zweifel

Es gibt etwas, was Deine gesamte Arbeit als Hellseher in Frage stellen kann: Zweifel! Mit der Gottübung lernst Du, Dich auch für Deinen Zweifel verantwortlich zu fühlen. Mache Dir klar: Wenn Du zweifelst, dann beschließt Du zu zweifeln! Du bestimmst, daß Du zweifelst und bestätigst Dir das durch mögliche Mißerfolge! Du kannst diesen Kreislauf nur durchbrechen, wenn Du Verantwortung für Dein Handeln übernimmst.

Beispiel:

Sabines Zweifel

Eine Freundin von mir, Sabine, erfahrene Hellseherin mit ganz erstaunlichen Fähigkeiten, hatte einmal eine Zweifelphase. Sabine gehört zu den wenigen, begnadeten Menschen, die von Kindesbeinen an die Fähigkeit hatten, hell zu sehen. Sie wurde aus weiten Teilen

Deutschlands von Klienten besucht, die um ihren Rat und ihre Hilfe baten. Nur selten versagte sie.

Der Anruf

Eines Tages rief mich Sabine an. Sie sagte, sie habe ihre Fähigkeit verloren, könne nicht mehr hellsehen. Zweimal habe sie ein Klient aufgesucht und beide Male hätte sie falsch gesehen. Seither ging alles schief. Sie konnte angeblich fast niemandem mehr eine klare Auskunft geben.

Verantwortung

Wir unterhielten uns kurz und ich bat sie vorbeizukommen. Sabine und ich sprachen über Verantwortung und sie gestand, daß sie noch nie darüber nachgedacht hatte, was »Hellsehen« eigentlich bedeutet. Sie überlegte lange und stellte dann fest: "Wenn ich zweimal etwas falsch gesehen habe, heißt das doch nur, daß ich es so wollte. Darüber habe ich noch gar nicht nachgedacht. Das einzige, was ich dachte war: Wenn jetzt noch einmal etwas schiefgeht, wenn ich nicht mehr hellsehen kann?" Mit diesen Gedanken war sie in ihre Trance gegangen und diese Gedanken hatten sie gestört. Sie hatte vorprogrammiert, daß keine klaren Bilder und Gedanken mehr herüberkommen.

Gottübung

Sabine beschloß, Verantwortung für ihre Zweifel zu übernehmen. Sie machte die Gottübung und heute sieht sie besser als je vorher! Oder anders: Sabine bestimmt vorher!

2.3.2. Entspannung

Bei den Blicktechniken hatte ich es bereits erwähnt: Entspannung ist wichtig.

So entspannt wie Deine Augen sollte Dein ganzer Körper beim Hellsehen sein.

Offenheit

Wenn Du entspannt und locker bist, bist Du offen für die Projektionen Deines Unbewußten auf das Objekt. Offenheit heißt, daß Du abschaltest. Deine Alltagssorgen und -gedanken gehören nicht hierher.

Die Techniken, die Du jetzt kennenlernst, leiten Dich in eine leichte, entspannte Trance. Gerade so viel Trance, wie Du für das Hellsehen brauchst. Laß Dich nicht durch die Menge der angegebenen Techniken verwirren. Sehr gut ist es natürlich, wenn Du alle beherrschst. Du besitzt dann eine große Bandbreite von Möglichkeiten, Dich zu entspannen. Eine Technik funktioniert fast immer. Du kannst Dich auch auf weniger Techniken konzentrieren, wenn Du gute Ergebnisse mit ihnen erreichst!

Je mehr Entspannungstechniken Du beherrschst, desto besser!

Immer vorher

Eine dieser Techniken solltest Du vor jeder Hellseh-Aktion durchführen.

Bauchatmen

Das Bauchatmen, welches ich in diesem Kapitel beschreibe, kannst Du während des Sehens machen. Es ist wichtig, daß Du wenigstens eine der folgenden Übungen beherrschst. Zwar wirst Du auch durch die Blicktechniken in leichte Trance geführt, aber gerade am Anfang reicht das nicht aus. Grundsätzlich solltest Du das Hellsehen erst dann beginnen, wenn du mindestens eine der Blicktechniken und mindestens eine der Entspannungstechniken erlernt hast. So vermeidest Du Mißerfolge. Du gehst von Anfang an strukturiert vor.

Umschalten

Nur wenige Menschen können direkt vom Alltag zum Hellsehen »umschalten«. Wer nicht zu diesen »Glücklichen« gehört und keine der Entspannungstechniken vorher durchführt, muß mit Störungen rechnen:

Effekte

- Die in Kapitel 3. beschriebenen Effekte treten gar nicht oder nur schwach ein.

Störungen

- Du wirst von Gedanken an Dein Abendessen, Deine nächste Verabredung, Probleme im Büro o.ä. gestört.

Fehler

- Du machst Fehler beim Fragen, kannst Dich nur schwer konzentrieren.

Stimmung

- Du bist aufgeregt oder müde.

2.3.2.1. Mantram-Soft

Definition:

Im Lexikon steht:

Das Mantram bedeutet im esoterischen Schrifttum »das Fleischgewordene Wort, das durch göttliche Magie objektiv (sinnlich wahrnehmbar) Gemachte«. Außerdem ist Mantram eine Vereinigung rhythmisch angeordneter Wörter oder Silben, die, wenn sie laufend gesprochen werden, auf höheren Ebenen bestimmte Schwingungen hervorbringen. Mantren waren in allen Kulturen bekannt und wurden auch in der rituellen Magie verwendet.

Für uns reicht folgende Erklärung:

Wiederholung

Ein Mantram ist ein Wort, das von Dir laut oder im Geist leise ständig wiederholt wird. Als Mantren benutzt man

Wörter, die Du in der normalen Sprache nicht verwendest. Sie klingen etwas ungewöhnlich. Manche Mantren wirken aufregend, andere wieder beruhigend.

Wirkungsweise:

- Deine Aufmerksamkeit wird auf das Mantram gelenkt.
- Dein gesamter Körper kann sich entspannen.
- Ein Mantram wirkt - je nach Klang - auf Deine Stimmung.
- Deine Konzentration wird geschärft.
- Du fällst in eine leichte Trance.

Beruhigende Mantren sind:

- Ing
- Inga
- Imma
- Im
- Aing
- Aim
- Ainga
- Aima
- Schiam
- Schiama

Anregende Mantren sind:

- Schirim
- Hiring
- Schiring
- Kiring
- Kirim
- Ki
- Schi

Mantram auswählen:

Repertoire

Grundsätzlich solltest Du zwei Mantren benutzen: Ein beruhigendes und ein anregendes. Wähle das beruhigende Mantram, wenn Du aufgeregt oder nervös bist. Wähle das anregende Mantram, wenn Du Dich abgeschlafft, müde oder träge fühlst.

Mit dem Mantram arbeiten:

Vorgehensweise

Du hast die Absicht, eine Hellseh-Sitzung durchzuführen.

- Setze Dich auf einen Stuhl, Rücken gerade an der Lehne.
- Vor Dir auf dem Tisch befindet sich Deine Kristallkugel oder ein anderes Objekt.
- Schließe Deine Augen.
- Atme ruhig und gleichmäßig ein und aus.
- Jetzt beginne, das Mantram aufzusagen.
- Am Anfang sprich es ruhig laut. Du gewöhnst Dich besser an den Klang.
- Werde nach und nach immer leiser.
- Versuche, das Mantram deutlich in Deinem Kopf zu hören.
- Laß jeden einzelnen Buchstaben des Mantrams erklingen.
- Tue dies ca. 10 Minuten lang.
- Jetzt öffne die Augen.
- Atme weiter ruhig und gleichmäßig.
- Sieh in Deine Kristallkugel (o.ä.) und wende eine der Blicktechniken an.
- Wenn es Dir nicht zu schwer fällt, wiederhole das Mantram weiter.

Zu dem, was Du in Deinem Objekt wahrnimmst, komme ich in Kapitel 3.

2.3.2.2. Die Blicktechniken zur Entspannung

Nach jeder gesonderten Entspannungsübung solltest Du eine der Blicktechniken anwenden - sie vertiefen die Trance. Auch wenn es Dir schwerfällt zu glauben, daß sie entspannend wirken: sie tun es!

Trance vertiefen

Achte bei den Blicktechniken nur darauf, daß Dein ganzer Körper locker bleibt, dann wirken sie richtig.

Locker

Wirkungsweise:

- Dein Blick wird auf einen ganz bestimmten Punkt oder ein räumliches Feld gerichtet.
- Dein normales Wachbewußtsein beschäftigt sich nur mit diesem Punkt oder Feld - die normal-logischen Denkprozesse werden ausgeschaltet.
- Deine Konzentration vertieft sich.
- Deine Entspannung vertieft sich.
- Die Trance vertieft sich.
- Du bist offen für Bilder o.ä., die auftauchen können.

2.3.2.3. Bauchatmung

Die Bauchatmung ist nicht schwer. Du kannst sie ohne Schwierigkeiten einen ganzen Tag lang durchführen.

Vorübung:

- Bei der Bauchatmung atmest Du in Deinen Bauch.
- Achte einmal darauf, wohin Du atmest, wenn Du flach auf dem Rücken liegst.

- Hebt sich Dein Brustkorb?
- Hebt und senkt sich Dein Bauch mit, oder nicht?
- Versuche, so zu atmen, daß sich Deine Bauchdecke hebt und senkt.
- Wie sieht das aus?

Wirkungsweise:

- Deine Aufmerksamkeit wird auf die Atmung gelenkt.
- Dein ganzer Körper und vor allem Deine inneren Organe entspannen sich.
- Deine Konzentration wird geschärft.
-
- Du fällst in eine leichte Trance.
- Du wirst ruhig und ausgeglichen.

Mit der Bauchatmung arbeiten:

Vorgehensweise

- Setze Dich auf einen Stuhl, Rücken gerade an der Lehne.
- Vor Dir auf dem Tisch befindet sich Deine Kristallkugel oder ein anderes Objekt.
- Schließe Deine Augen.
- Atme ruhig und gleichmäßig tief in Deinen Bauch ein und wieder aus.
- Die Atemzüge sollten gleich lang sein.
- Nach ca. 10 Minuten öffne Deine Augen.
- Atme weiter ruhig und gleichmäßig in Deinen Bauch.
- Sieh in Deine Kristallkugel (o.ä.) und wende eine der Blicktechniken an.
- Atme die ganze Zeit über weiter in Deinen Bauch.

2.3.2.4. Body check

Benennung:

Beim Body check benennst Du in sechsmaligem Rhythmus alle Deine Körperteile. Die Benennung wird benutzt, um für die kurze Zeit von einer Sekunde die Aufmerksamkeit auf dieses Körperteil zu lenken.

Beim Body check lenkst Du Deine Aufmerksamkeit auf bestimmte Körperteile!

Wirkungsweise:

- Dein ganzer Körper entspannt und beruhigt sich.
- Deine Konzentration wird erhöht.
- Du fällst in eine leichte Trance.
- Muskelverspannungen lösen sich.

Mit dem Body check arbeiten:

- Als Linkshänder beginnst Du mit der linken Hand, als Rechtshänder mit der rechten. Bei den Füßen die gleiche Reihenfolge.
- Beginnen wir mit dem Beispiel eines Rechtshänders:

Vorgehensweise

  - Setze Dich auf einen Stuhl, Rücken gerade an der Lehne.
  - Deine Arme ruhen locker auf den Beinen, Handinnenflächen nach oben.
  - Schließe Deine Augen.
  - Atme ruhig und gleichmäßig ein und aus.
  - Beginne zu benennen und fühle dabei ganz kurz jedes Körperteil, das Du ansprichst:
    - *"Rechter Daumen...*
    - *Zeigefinger...*
    - *Mittelfinger...*
    - *Ringfinger...*
    - *Kleiner Finger...*
    - *Handfläche...*

- *Handgelenk...*
- *Unterarm...*
- *Ellbogen...*
- *Oberarm...*
- *Schulter...*
- *Achselhöhle...*
- *Linker Daumen...*
- *(jetzt die ganze linke Seite durch)...*
- *Rechte große Zehe...*
- *2. Zehe...*
- *3. Zehe...*
- *4. Zehe...*
- *Kleiner Zeh...*
- *Fußsohle...*
- *Knöchel...*
- *Unterschenkel...*
- *Knie...*
- *Oberschenkel...*
- *Linke große Zehe...*
- *(jetzt die ganze linke Seite durch)...*
- *Po...*
- *Kreuz...*
- *Rücken...*
- *Schulterblätter...*
- *Nacken...*
- *Hinterkopf...*
- *Scheitel...*
- *Stirn...*
- *Rechte Augenbraue...*
- *Linke Augenbraue...*
- *Rechtes Auge...*
- *Linkes Auge...*
- *Rechtes Ohr...*
- *Linkes Ohr...*
- *Rechte Wange...*

- *Linke Wange...*
- *Nase...*
- *Oberlippe...*
- *Unterlippe...*
- *Kinn...*
- *Hals...*
- *Rechte Brust...*
- *Linke Brust...*
- *Oberbauch...*
- *Unterbauch...*
- *Geschlechtsteile...*
- *Erste Runde..."*

- Unterbrich den Rhythmus nicht, sondern beginne gleich wieder von vorne.
- Mache insgesamt ca. 6 Runden hiervon.

Zusammenfassen

- Wenn Du das Body check schon beherrschst, kannst Du ganze Körperteile zusammenfassen und brauchst nur noch dreimal zu wiederholen:

  - "*Rechter Arm...*
  - *Linker Arm...*
  - *Rechtes Bein...*
  - *Linkes Bein...*
  - *Rumpf...*
  - *Kopf..."*

Beherrschen

Du beherrschst Body check, wenn sich Dein ganzer Körper entspannt. Du bemerkst tatsächlich nur noch das Körperteil, welches Du ansprichst.

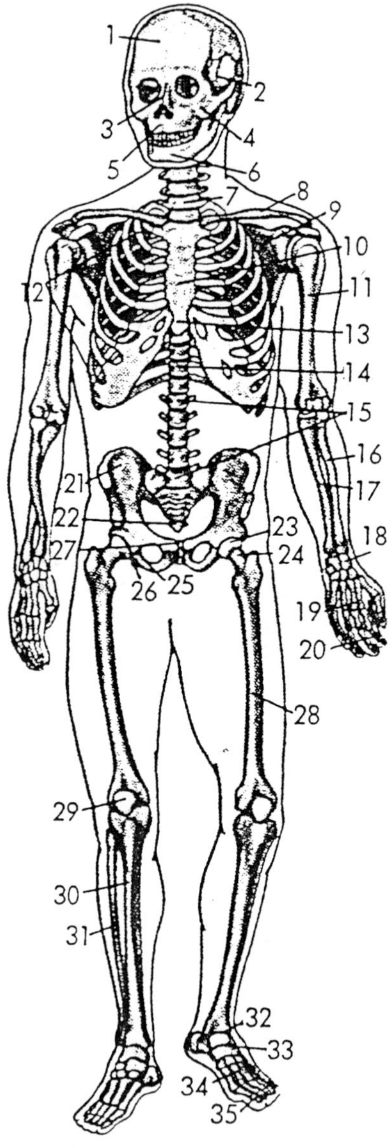

1. Stirnbein
2. Schläfenbein
3. Nasenbein
4. Jochbein
5. Oberkieferbein
6. Unterkieferbein
7. Halswirbel
8. Schlüsselbein
9. Schulterblatt
10. Brustbein
11. Oberarmknochen
12. Rippen
13. Schwertfortsatz
14. Brustwirbel
15. Lendenwirbel
16. Speiche
17. Elle
18. Handwurzelknochen
19. Mittelhandknochen
20. Fingerknochen
21. Darmbein
22. Kreuzbein
23. Hüftgelenk
24. Schenkelhals
25. Hüftbeinloch
26. Sitzbein
27. Schambein
28. Oberschenkelknochen
29. Kniescheibe
30. Schienbein
31. Wadenbein
32. Sprungbein
33. Fußwurzelknochen
34. Mittelfußknochen
35. Zehenknochen

2.4. Die Fragetechnik

Vorbereitung

Für jede Arbeit mit Hellseh-Objekten ist es wichtig, daß Du Dich gründlich vorbereitest.

Eine gute Methode, sich vorzubereiten, besteht darin, die Fragen zu formulieren.

Wie Du bereits weißt, reagiert das Unbewußte anders als Dein Normalbewußtsein. Wenn Du im Alltag Fragen stellst wie: "Warum ist dies oder jenes so oder so?", bekommst Du normalerweise Antworten. Beim Hellsehen ist das etwas anders. Du bekommst vermutlich Antworten, aber es ist äußerst fraglich, ob Du mit diesen etwas anfangen kannst.

Es gibt einen Ausdruck, der beschreibt, woraufhin Du fragen solltest: Frage nach einer »operationalen Handlungsanweisung«.

Was heißt »operationale Handlungsanweisung«?

Definition

»Operationale Handlungsanweisung« heißt, daß Du eine ganz genaue Anleitung bekommst, was Du tun sollst. Nach »operationalen Handlungsanweisungen« fragst Du immer so: "*Was soll ich tun, machen, erledigen etc., um ... zu erreichen?*"

Fragen

Wenn Du Fragen nach einer anderen Person stellst, dann frage auch hier immer zuerst nach einer operationalen Handlungsanweisung.

Beispiel:

Lisa's Ehe

Lisa M. aus Darmstadt rief vor einiger Zeit bei mir an - völlig verzweifelt. Ihre Ehe drohte, in die Brüche zu gehen. Lisa meinte, sie hätte alles versucht, aber es ginge nicht mehr. Sie vermutete, daß ihr Mann eine Freundin hatte. Tag für Tag stritten sich die beiden deswegen.

Ich schlug Lisa vor, mich zu besuchen, damit wir nachsehen können, was Lisa tun kann.

Die Vermutung

Eine Woche später kam sie. Wir unterhielten uns etwas genauer über Lisa's Problem. Sie schilderte, daß sie keine Beweise dafür habe, daß ihr Mann fremdgeht, aber sie habe eine starke Vermutung. Jeden Abend kommt er später heim. Manchmal riecht er nach Alkohol und fremdem Parfüm. Jeden Tag nimmt sich Lisa vor, ihrem Mann keine Vorwürfe zu machen, trotzdem kommt es zu täglichen Streitereien.

Ehe retten

Lisa wollte wissen, ob ihr Mann sie betrügt. Nach der Unterhaltung fand ich heraus, daß sie nur wissen wollte, wie sie ihre Ehe retten kann. Wir formulierten gemeinsam die Frage:

> *"Was kann Lisa tun, um zwischen sich und ihrem Mann wieder eine harmonische Beziehung herzustellen?"*

Die Arbeit

Wir setzten uns beide in meinen Arbeitsraum. Ich arbeitete mit leicht abgedunkeltem Licht und einer Kristallkugel.

Bauchatmung

Ich bat Lisa, sich 10 Minuten still zu verhalten, damit ich meine Entspannungsübung machen kann. Um zu verhindern, daß sie mich durch Nervosität störte, unterwies ich sie kurz in Bauchatmung. Dies empfehle ich jedem, der mit Klienten arbeitet! Ein nervöser Klient kann die ganze Aktion verpatzen.

Konzentration

Ich schloß die Augen und begann mit der Bauchatmung. Nach ca. 10 Minuten öffnete ich die Augen und sah in die Kristallkugel (ich benutze den starren Blick). Ich konzentrierte mich auf das, was Lisa mir bisher erzählte und bat um eine Wiedergabe des Geschehenen in der Kugel. Die ersten Bilder tauchten auf und vergingen schnell wieder - unzusammenhängende Bilder, teilweise Bilder von mir selbst. Auch Lisa sah in die Kugel! Dann zeigten sich Bilder von Lisa. Ich sah sie in einem Raum sitzen, ein Wohnzimmer, leicht an einer Polstergarnitur zu erkennen. Sie stand auf und sah zu einer Uhr an der Wand: 23.00 h. Sie ging im Raum auf und ab, wirkte nervös.

Verändern der Bilder

Die Bilder veränderten sich. Ich sah einen Mann, anscheinend in einem Büroraum. Er stritt sich mit einem anderen Mann, diesen sah ich nur von hinten. Der Mann, den ich von vorne sah, wurde nach meiner Beschreibung von Lisa als ihr Ehemann identifiziert. Der Mann von hinten hatte eine Halbglatze und Lisa sagte, es sei der Chef ihres Mannes.

Die Bilder wechselten. Lisa's Mann saß in einer Bar und starrte auf den Tresen. Er war allein. Eine Frau näherte sich ihm und sprach ihn an. Er schüttelte mit dem Kopf. Dann wieder Bildwechsel. Lisa's Mann wieder im Büro.

Er sah auf ein Bild, offensichtlich das von Lisa. Er wirkte bedrückt.

Dann ein anderes Bild von Lisa's Mann, wie er mit Blumen in der Hand nach Hause kam. Lisa öffnete ihm, die beiden schienen sich sofort zu streiten.

Bestätigung

Lisa bestätigte die von mir gesehenen Bilder, soweit sie sie selber erlebt hatte. Nur die Situationen in der Bar und im Büro, die waren ihr neu.

Weiteres Geschehen

Eine Weile war die Kugel dunkel. Ich sprach laut die Frage aus, die Lisa und ich formuliert hatten. Es dauerte wieder einen Moment, bis etwas geschah. Ich sah wieder die Szene mit den Blumen. Lisa öffnete die Tür und lächelte ihren Mann an. Die beiden umarmten sich. In einer anderen Szene sah ich Lisa, wie sie in einem kleinen Geschäft offensichtlich als Verkäuferin arbeitete.
Die Kugel wurde wieder dunkel.

Lisa's Überlegungen

Lisa und ich sprachen über das, was ich gesehen hatte. Lisa überlegte, was die letzten Szenen für sie bedeuten könnten und kam zu folgendem Schluß:

- Sie hatte zwei ganz klare Handlungsanweisungen bekommen:

Handlungsanweisungen

- 1. Ihren Mann mit einem Lächeln zu begrüßen.

- 2. Sich eine Arbeitsstelle zu suchen.

Erfolg!

Lisa rief mich nach einer Woche wieder an und erzählte ganz glücklich, daß ihr Mann von seinen Problemen in der

Firma sprach. Seit Wochen lief die Arbeit nicht zu seiner Zufriedenheit. Außerdem wollte er noch einmal anfangen zu studieren. Er hatte die Befürchtung, mit Lisa nicht darüber reden zu können, da sie sich an seinen Verdienst gewöhnt hatte. Lisa bot ihm an, sich eine Stellung als Verkäuferin zu suchen und selbst den Lebensunterhalt zu bestreiten. Die beiden einigten sich und die Ehe ist harmonischer denn jeh!

Was hatte ich bis dahin gemacht?

Vorgehensweise

1. Ich habe das von Lisa Erzählte noch einmal ablaufen lassen und um konkretere Informationen gebeten.
2. Als ich genügend Informationen hatte, formulierte ich die Frage nach der genauen Handlungsanweisung laut und erhielt dann auch zwei!

Noch einmal genauer zu den Fragen:

Achtung

Frage nie so:

- "*Soll ich diese Sache tun oder nicht?*"

    - Die Frage bedeutet, daß Du ein »Ja« oder ein »Nein« erwartest. Solche Fragen lassen andere Lösungsansätze offen. Lisa hätte hier etwa die Frage gestellt: "*Soll ich mich von meinem Mann trennen oder nicht?*"

Berücksichtige beim Formulieren Deiner Fragen:

- Formuliere keine Fragen, die mit »Ja« oder »Nein« beantwortet werden müssen!
- Benutze keine ungenauen Fragen! Formuliere immer ganz genau. Gib alle beteiligten Personen an. Gib an, für

welchen Zeitraum Du Deine Frage beantwortet haben willst.

- Frage immer nach einer konkreten Handlungsanweisung.
- Frage so, daß noch Lösungsmöglichkeiten offen bleiben.

Fragen ändern

- **Ausnahme**: Stell Dir vor, Lisa hätte schon fest beschlossen, sich von ihrem Mann zu trennen. Sie wüßte, daß ihr Mann eine Freundin hat und will allein leben. Sie befürchtet, dann finanzielle Probleme zu bekommen. Dann könnte sie fragen: "*Wie würde sich die Trennung von meinem Mann auf meine finanzielle Situation in den nächsten drei Monaten auswirken. Was müßte ich tun, um meine finanzielle Situation zu verbessern?*"
- Du siehst, sie würde die Personen angeben, den genauen Bezugsrahmen, nämlich die finanzielle Situation und den Zeitraum. Dann fragt sie nach einer konkreten Handlungsanweisung.

3. KAPITEL

Bilder und Symbole

In diesem Kapitel wird erklärt, was beim Hellsehen so alles geschieht. Du lernst, wie Du auftauchende Bilder und Symbole am besten deuten kannst und bekommst ein paar Tips für Dein eigenes Deutungslexikon.

3.1. Was passiert beim Hellsehen?

Hellsehen können

Diese Frage liegt Dir sicher schon brennend auf der Seele... Vermutlich willst Du wissen, ab wann Du weißt, daß Du hellsehen kannst.

Unterschiede

Leider kann ich Dir diese Frage nicht klipp und klar beantworten, da jeder Mensch unterschiedlich hellsieht. Im Grunde genommen weißt Du erst dann genau, daß Du hellgesehen hast, wenn das Antizipierte eingetroffen ist.

Gemeinsamkeiten

Ein paar Dinge gibt es allerdings, die bei fast allen Hellsehern auftauchen und diese kann ich Dir beschreiben:

1. Zum Sehen

A. Du siehst in eine Kristallkugel oder einen Spiegel. Du wendest eine der Blicktechniken an. Nach kurzer Zeit verschwimmt Dein Blickfeld, es wird von einem leichten Schleier überzogen.
B. Es tauchen Wolken auf. Einige Teile in Deinem Blickfeld werden von Wolken vernebelt.
C. Du siehst für kurze Momente schwarze Flächen.
D. Zwischen den Momenten, in denen Du schwarze Flächen siehst, bemerkst Du Lichtblitze.
E. Es tauchen Farben und/oder Formen auf.
D. Dein eigenes Spiegelbild verändert sich, Dein Gesicht bekommt ein anderes Aussehen - vielleicht von ganz fremden oder von Dir bekannten Personen.
F. Dann - ganz zum Schluß - nimmst Du ganze Situationen entsprechend Deiner Frage wahr.

2. Zum Hören:

A. Auch das Hören funktioniert beim Hellsehen. Gehörst Du zu den Menschen, die die Fähigkeit haben, Antworten zu hören, so achte auf das, was Du zu Deiner gestellten Frage denkst.

B. Du bekommst eine Art innere Ahnung, noch nicht klar in Worte gefaßt.
C. Du bekommst ein Wort, das sich ständig als Antwort auf Deine Frage wiederholt.
D. Du bekommst einen vollständigen Satz.

3. Zum Fühlen

Manche Menschen bekommen hellseherische Informationen fast nur über Gefühle. Andere haben zu jedem Bild oder jedem Wort, das sie hören, ein bestimmtes Gefühl.

- Achte darauf, welche Gefühle bei Dir auftreten.
- Sind sie angenehm oder unangenehm?
- Was verbindest Du mit diesem Gefühl?
- Kannst Du Dich an eine Situation erinnern, in der Du ein solches Gefühl hattest?
- Was hast Du in der Situation gemacht?

Sinn im Zusammenhang

Du wirst vermutlich fast nie nur Bilder sehen, nur Worte hören oder nur Gefühle haben. Achte auf alle drei Dinge! So manches Bild wird klarer, wenn Du die Gefühle dabei beachtest. So manches Wort erhält erst einen Sinn im Zusammenhang mit einem Bild oder einem Gefühl.

Zweifel

Am Anfang dieses Kapitels hast Du gelesen, daß Du erst dann weißt, ob Du hellgesehen hast, wenn Informationen tatsächlich eintrafen. Das sollte auf keinen Fall zum Zweifel an Deiner Fähigkeit als Hellseher führen! Jeder Mensch kann hellsehen, er braucht nur etwas Übung. Also achte darauf, was Du siehst, hörst und fühlst und nimm alles am Anfang als Hellsehen hin.

Zweifle nie an Deinen Fähigkeiten!

Erfolge

Im Laufe der Zeit, wenn Du regelmäßig übst, die Blicktechniken und Entspannungsübungen durchführst, wirst Du Erfolge haben. Nach und nach werden die Antizipationen immer konkreter.

3.2. Das Deuten von Bildern und Symbolen

Wichtiger Punkt

In diesem Kapitel komme ich zu einem sehr wichtigen Punkt: Der Deutung. Gerade am Anfang Deiner hellseherischen Tätigkeit wirst Du vermutlich keine ganzen Situationen sehen. Manchmal bekommst Du nur ein einziges Wort oder ein Bild oder ein Gefühl.

Interpretieren

Dieses Wort, Bild oder Gefühl mußt Du interpretieren. Was fängt man an mit einem einzigen Wort? Was tut man, wenn nur eine Farbe in der Kristallkugel auftaucht - und mehr nicht? Man legt sich ein eigenes Deutungslexikon an! Wie Du dies tust erkläre ich in Kapitel 3.2.2.

Hier will ich zuerst auf eines hinweisen:

Eigenes Symbolsystem

Du benötigst zum Deuten von Farben, Formen, Bildern, Tönen, Worten und Gefühlen die Fähigkeit, sie in ein eigenes Symbolsystem zu übertragen. Das fällt vielen Menschen am Anfang sehr schwer. Du brauchst die Fähigkeit, daß Dir zu jedem Wort, jedem Bild oder Gefühl sofort etwas einfällt - Du brauchst Assoziationen. Am einfachsten wird es für Dich, wenn Du Dir mit Hilfe anderer Symbolsysteme schon einmal einen Rahmen für die Assoziationen gibst. Ein Rahmen heißt, daß Du Dich mit anderen Symbolen beschäftigst und Dir Deine Assoziationen und auch die Bedeutungen, die zu diesem Symbolsystem gehören, aufschreibst.

Du gibst Deinen Assoziationen einen Rahmen, wenn Du Dich mit anderen Symbolen beschäftigst!

Definition:

Assoziation = Vorstellungen bilden oder verknüpfen. D. h. Du erweiterst Dein Vorstellungsvermögen.

Tarot

Ganz besonders eignet sich hierfür der Tarot. Tarot ist eine uralte Orakelmethode mit Bildkarten. Jeder Karte wurden mehrere Bedeutungen zugeordnet. Diese Bedeutungen beziehen sich auf kleine einzelne Symbole auf der Karte. Ich empfehle Dir den Tarot von Aleister Crowley, erhältlich beim URANIA-Verlag. Ich kenne kein Tarotspiel, welches so viele unterschiedlichen Symbole enthält wie dieses. Zu dem Kartenspiel brauchst Du ein Deutungsbuch. Es reicht eine leichte und einfache Einführung, wie sie beim Peyn und Schulze Verlag erschien.

Bedeutung

Beschäftige Dich eine Weile mit dem Tarot. Je öfter Du Dir die Karten und ihre Bedeutungen ansiehst, desto mehr Bedeutung haben sie für Dich. Du erlangst dadurch die Fähigkeit, jeder Farbe, jeder Form, jedem Buchstaben eine Bedeutung zuzuweisen.

Gespeichert!

Diese Fähigkeit kannst Du für das Hellsehen nutzen. Dein Unbewußtes hat die Bedeutungen gespeichert und wird sie jetzt benutzen, um mit Dir in Kontakt zu kommen.

In Kapitel 3.2.1. habe ich ein paar Übungen für Dich aufgeführt. Diese Übungen werden Dir helfen, schnell zu reagieren, schnell zu Bildern, Worten und Gefühlen Assoziationen zu bekommen.

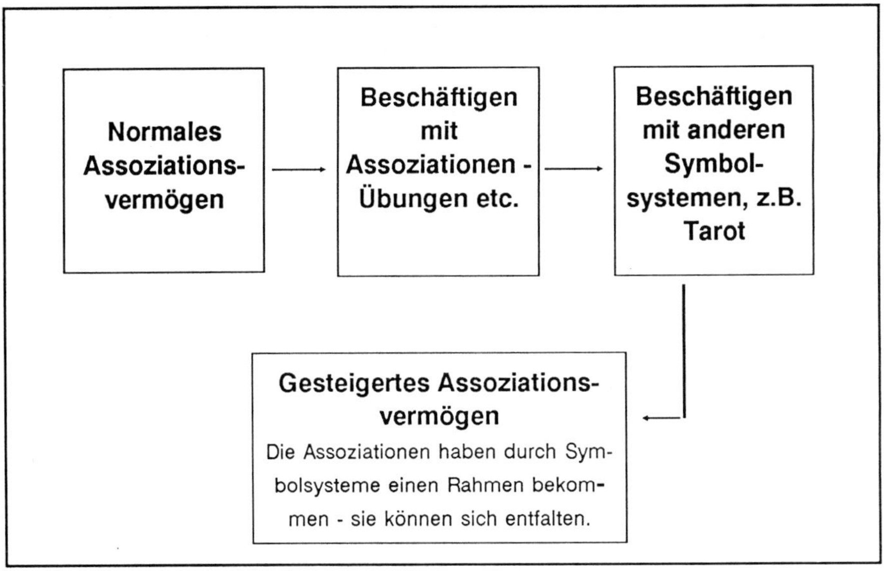

3.2.1. Erkenne Dein Modell der Welt

Aufschreiben

Wenn Du beginnst, als Hellseher zu arbeiten, solltest Du messen, ob Du Fortschritte machst. Schreibe immer alles, was Du tust, genau auf.

Tagebuch

Am besten führst Du ein Tagebuch. Schreibe in dieses Tagebuch, was beim Üben der Blicktechniken und bei den Entspannungsübungen passiert ist. Ich lege mir mein Tagebuch immer direkt neben meinen Arbeitsplatz. Sobald ich eine Übung oder eine Hellseharbeit beendet habe, schreibe ich mir alles auf. Vorher bewege ich mich nicht von der Stelle! Dies ist sehr sinnvoll, da schon ein kleiner Gang in ein anderes Zimmer ein paar wichtige Punkte vergessen läßt.

Schreibe sofort alles auf!

Genauigkeit

Je genauer Du aufschreibst, desto besser. Erinnere Dich nach einer Übung oder Arbeit direkt an alles. Die kleinste Kleinigkeit, wie z.B. ein Lichtblitz mehr als beim letzten Mal, kann wichtig sein.

Fortschritte

Deine Aufzeichnungen werden Dir helfen zu prüfen, ob Du Fortschritte machst.

Mache die Aufzeichnungen wie folgt:

Vorgehensweise

- Du sitzt noch auf Deinem Stuhl.
- Du hast gerade eben eine Übung beendet.
- Dein Tagebuch liegt griffbereit.
- Ebenso ein Schreibgerät.
- Beginne, alles einzutragen, woran Du Dich noch erinnerst.
- Wie hast Du die Übung begonnen?
- Was hast Du von der ersten bis zur letzten Minute gesehen, gehört, gefühlt?
- Prüfe Deine Eintragungen mit den Übungsbeschreibungen.
- Hast Du Dir einen kleinen Streich gespielt und einen Punkt der Übungsbeschreibungen übersprungen?
- Notiere Dir dies und arbeite beim nächsten Mal gründlicher.
- Schreibe Dir hinter die letzte Übung: "Ich habe vergessen, das und das zu machen. Bei der nächsten Übung werde ich daran denken!"

Veränderung

Dein Leben wird sich mit den Übungen und mit der Hellseh-Arbeit verändern. Auch diese Veränderungen kannst Du beobachten, indem Du ein Tagebuch führst. Du solltest in das Tagebuch eintragen,

- ob Du die Gottübung gemacht hast,
- was Du so tagsüber dachtest,
- wann Du schlechte Laune hattest,
- wann Du für ein Gefühl oder eine Handlung keine Verantwortung übernehmen wolltest
- und welche anderen Handlungsmöglichkeiten Du gehabt hättest.

Kennenlernen

Je länger Du aufzeichnest, desto mehr lernst Du über Dich. Du lernst Dein Modell der Welt näher kennen! Trage auch Deine Gedanken und Ideen während der Gott-Übung in das Tagebuch ein.

Das Tagebuch hilft Dir, Dich selbst kennenzulernen!

Ziele des Tagebuchführens:

- Du kannst selbst kleinste Fortschritte beobachten.
- Du prüfst den Verlauf Deiner Gott-Übung.
- Du lernst Dich selbst - und somit Dein Modell der Welt - näher kennen.
- Dadurch kannst Du das, was Du hellsiehst, besser verstehen und deuten.
- Du kannst auch selbst kleine Ziele von Dir in das Tagebuch eintragen und dann prüfen, ob Du sie erreicht hast.
- Ein solches Ziel könnte sein: "Ich will in 4 Wochen die Blicktechniken vollkommen beherrschen und auch schon die erste Vorherbestimmung gemacht haben."

Ein paar Übungen, um Dein Modell der Welt zu erkennen und Deine Fähigkeit zu assoziieren zu stärken:

Vorgehensweise

A. Nimm Dir ein paar Begriffe, z. B.

- Rot,
- Haus,
- Auto,
- Mutter,
- Laufen
- oder andere.

- Jetzt wähle einen dieser Begriffe aus.
- Nimm Dir ein Blatt Papier und einen Stift.
- Schreibe alle einzelnen Wörter auf, die Dir zu diesem Begriff einfallen.
- Lege vorher eine Zeit von 10 Minuten fest.
- Wieviele Wörter fielen Dir zu dem einen Begriff ein?
- Wiederhole diese Übung mit anderen Begriffen.
- Notiere in Deinem Tagebuch, um wieviel Wörter Du Dich gesteigert hast.

B.

Vorgehensweise

- Mache die Übung A.
- Statt eines einzelnen Wortes schreibst Du ganze Sätze auf.
- Lege vorher eine Zeit von 15 Minuten fest.
- Wieviele Sätze fielen Dir zu dem Begriff ein?
- Wiederhole diese Übung mit anderen Begriffen.
- Notiere in Deinem Tagebuch, um wieviel Wörter Du Dich gesteigert hast.
- Du kannst die Übung steigern, indem Du eine kleine Geschichte zu dem Begriff aufschreibst.

Ziel dieser beiden Übungen:

Du lernst, schnell Assoziationen zu bilden. Das hilft Dir beim Hellsehen und vor allem beim Deuten von Symbolen.

Assoziationen bilden

C.

Vorgehensweise

- Diese Übung machst Du mit einem Partner.
- Dein Partner soll Dir einfache kleine Fragen stellen.
- Die Fragen sollen sich auf die nächste Zukunft beziehen.
- Beispiel: "Wie wird das Wetter morgen?"
- Du sollst binnen 2 Sekunden antworten.
- Denke keinesfalls nach!
- Sage immer das, was Dir als erstes in den Kopf kommt.
- Du darfst keine Gegenfragen stellen.
- Du darfst die Frage nicht wiederholen.
- Brauchst Du länger als 3 Sekunden (Ihr arbeitet mit Stoppuhr!), so muß Dein Partner die nächste Frage stellen.

Ziel dieser Übung:

Du lernst, spontan hellzusehen. Dein Wachbewußtsein denkt normalerweise nach! Wenn Du spontan antwortest, hat Dein Unbewußtes die Chance, »mitzureden«. Mache diese Übung ruhig häufig. Wenn Du diese Übung zusammen mit der Gottübung durchführst, wirst Du feststellen, daß plötzlich das eintrifft, was Du ganz spontan gesagt hast. Viel Spaß!

Spontaneität

Führe diese Übungen regelmäßig durch - je öfter je besser!

3.2.2. Dein Deutungslexikon

Symbole

Ich hatte bereits angeführt, daß Du ein eigenes Deutungslexikon benötigst. Es ist wichtig, daß Du Dich vorher ein wenig mit Symbolen beschäftigst, sonst gerätst Du leicht auf die falsche Fährte. Was das heißt? Wenn Du unvorbereitet beginnst, Dir ein Deutungslexikon zuzulegen, können sich kleine Fehler einschleichen.

Beispiel:

Fehler

Vielleicht verbindest Du mit der Farbe Rot gar nicht Wut, wie Du zuerst dachtest, sondern Liebe! Jetzt sitzt Du vor Deiner Kristallkugel und stellst die Frage: "*Was muß ich tun, damit X mich zum Essen einlädt.*" Du erhältst keine klaren Bilder, sondern es taucht nur immer wieder die Farbe Rot auf. Du siehst in Dein Deutungslexikon und entdeckst dort unter Rot: Wut. Da Du eine Frage nach einer konkreten Handlungsanweisung gestellt hast, vermutest Du, daß Du wütend werden sollst. Ergebnis: X lädt Dich nicht zum Essen ein...

Beginne also vor dem Anlegen des Deutungslexikons mit folgendem:

Vorgehensweise

- Du machst Deine ersten Hellseh-Übungen.
- Du hast alles, was passierte, in Dein Tagebuch eingetragen.
- Greife Dir alle Symbole wie Farben, Formen, Wörter, Gefühle etc. heraus.
- Jetzt mache die Übungen A und B aus dem Kapitel 3.2.1. und notiere alle Begriffe in einem gesonderten Buch - Deinem ersten Deutungslexikon.

Tarot

Wenn Du meinen Rat beherzigt hast, Dich mit Tarot zu beschäftigen, kannst Du Dir die Symbole und Assoziationen dazufügen.

Assoziationen ändern

Halte niemals an einer Deutung fest, wenn sich leise Zweifel zeigen. Denke an das, was über Wut und Liebe gesagt wurde. Wenn Du bemerkst, daß Du an einer Deutung von Dir zweifelst, dann schreibe Deine neue Assoziation hinzu. Prüfe in den folgenden Arbeiten, welche Deutung zutrifft. Vielleicht sieht die Farbe Rot nur ein klein wenig anders aus! Versuche die kleinen Unterschiede herauszufinden. Hast Du einmal ein ganz bestimmtes Gefühl dabei? Trage auch dies in Dein Lexikon ein.

Halte nie an einer Deutung fest, wenn Du an ihr zweifelst!

4. KAPITEL

Weitere Möglichkeiten, mit Hellseh-Objekten zu arbeiten

In diesem Kapitel will ich nur kurz auf ergänzende Arbeitsmöglichkeiten eingehen. Du lernst, daß es möglich ist, über die Objekte Kontakte zu fremden Wesenheiten zu knüpfen! Außerdem eignen sich die Objekte sehr gut, andere Menschen zu beeinflussen!

4.1. Tattwas und Siegel

Keine Einzelheiten

Die Arbeit mit Tattwas und Siegeln wird in einem anderen Band der Schritt-für-Schritt-Reihe ausführlich erläutert. In diesem Buch möchte ich nicht auf die Einzelheiten eingehen, sondern nur darauf, wie Du mit den Objekten arbeiten kannst.

Kontakt

Ein Tattwa oder ein Siegel ist ein Zeichen, mit welchem Du Kontakt zu anderen Ebenen bekommen kannst. Tattwas eignen sich, um mit Elementargeistern zu arbeiten. Tattwas sind eine Reihe von einfachen farbigen Symbolen, die den 5 Elementen der Natur zugeordnet werden.

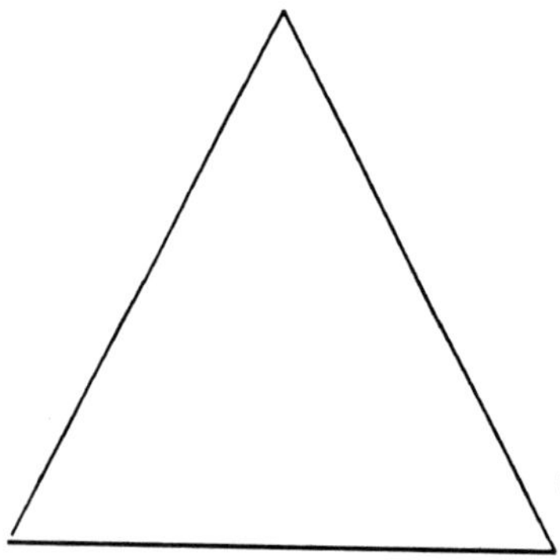

Herstellung eines Tattwas

1. Material: Für ein Tattwa kannst Du Pappe, Holz o. ä. Materialien nehmen.
2. Schneide das Tattwa 10 cm groß aus.
3. Bemale zum Schluß Dein Tattwa in der entsprechenden Farbe.

Nebenan siehst Du das Tattwa für Feuer - ein rotes Dreieck-.

Die Elemente

Die 5 Elemente sind: Geist, Feuer, Wasser, Luft und Erde.

Sie sehen so aus:

Geist:	Ein schwarzes Ei.
Feuer:	Ein rotes Dreieck, Spitze nach oben.
Wasser:	Ein silberner Halbmond, Spitze nach oben.
Luft:	Ein blauer Kreis.
Erde:	Ein gelbes Quadrat.

Wie nehme ich Kontakt zu Wesenheiten einer solchen Ebene mit den Hellseh-Objekten auf?

Vorgehensweise:

- Fertige Dir ein Tattwa von der entsprechenden Ebene an.
- Das Tattwa hat eine Größe von ca. 10 x 10 cm.
- Du stellst es am besten aus Papier her und malst es farbig an.
- Befestige Dein Tattwa auf Deinem Objekt.
- Arbeitest Du mit Spiegeln, Kristallen oder Kugeln, so male Dir das Tattwa direkt auf Dein Objekt. Es eignet sich wieder Acrylfarbe.
- Wende eine der Blicktechniken an.
- Nach einiger Zeit wird sich das Objekt verändern.
- Du wirst Bilder sehen, Gedanken oder Gefühle haben.
- Der erste Kontakt ist hergestellt.
- Stelle in Gedanken Fragen, die genauso konkret formuliert werden, wie Du es gelernt hast.
- Wenn sich eine Wesenheit meldet, laß Dir ihren Namen oder ein Siegel geben.
- Beim nächsten Mal kannst Du dann direkt über den Namen oder das Siegel die Wesenheit rufen.

Mit Siegeln funktioniert das genauso!

Unterschied

Der Unterschied zwischen einem Siegel und einem Tattwa besteht darin, daß Du mit einem Siegel direkt Kontakt zu einer Wesenheit bekommst. Ein Tattwa benutzt Du, um Zugang zu einer bestimmten Ebene zu bekommen.

4.2. Fremdbeeinflussung

Aberglaube?

Viele Menschen scheuen sich davor, mit Fremdbeeinflussung zu arbeiten. Sie halten es für Aberglaube und Scharlatanerie!

Beeinflussen

Aus meiner Erfahrung kann ich nur sagen, daß Fremdbeeinflussung funktioniert. Jeder muß selbst entscheiden, was er mit dieser Fähigkeit anfangen will. Du kannst Menschen dazu bringen, etwas ganz Bestimmtes zu tun, Du kannst sie heilen, sie schädigen, ja sogar töten!

Du brauchst dafür folgendes:

Vorher

1. Ein genaues Bild von der Person, die Du beeinflussen willst.
2. Eine genaue Vorstellung davon, was die Person tun oder was ihr passieren soll.
3. Du mußt mindestens eine Entspannungs- und eine Blicktechnik perfekt beherrschen.
4. Du solltest bereits Erfahrung mit dem Hellsehen haben!

Fremdbeeinflussung funktioniert wie folgt:

Vorgehensweise

- Setze Dich bequem und locker auf Deinen Stuhl.
- Vor Dir befindet sich Deine Kristallkugel o.ä.
- Du machst Deine Entspannungsübung.
- Du atmest ruhig und gleichmäßig in den Bauch.
- Deine Augen sind geschlossen.
- Jetzt öffnest Du die Augen und wendest eine der Blicktechniken an.
- Stelle Dir die zu beeinflussende Person ganz genau vor.
- Versuche, sie vollkommen deutlich in Deinem Objekt zu sehen.

- Ist das Bild unscharf?
- Dann schließe die Augen und rufe das Bild von der Person noch einmal in allen Einzelheiten ab.
- Öffne die Augen wieder.
- Jetzt laß die Person in Deinem Objekt das tun, was sie tun soll.
- Spiele jede Einzelheit genau durch.
- Soll sie einen Brief schreiben?
    - Dann sieh, wie sie sich setzt.
    - Sieh, wie sie nach einem Kugelschreiber greift.
    - Sieh, wie sie ein Blatt Papier nimmt.
    - Sieh, wie sie beginnt, den Brief zu schreiben.
    - Sieh jedes einzelne Wort. Stelle es Dir genauestens vor!
    - Sieh, wie sie den Brief beendet und ihn unterschreibt.
    - Sieh, wie sie den Brief in einen Umschlag steckt.
    - Sieh, wie sie den Brief zur Post bringt.
    - Sieh, wie sie eine Briefmarke auf den Brief klebt.
    - Sieh, wie sie den Brief in den Postkasten wirft.
    - Sieh, wie der Brief an der geplanten Stelle ankommt.

Ende

Erst, wenn Du jede kleinste Situation durchgespielt und alles genau in Deinem Objekt gesehen hast, beende die Sitzung.

Alle Einzelheiten

Wenn Du willst, daß eine Person krank wird, so spiele auch das in allen Einzelheiten durch. Muß die Person zum Arzt, so stelle es Dir vor. Bekommt sie Bauchkrämpfe, so sieh, wie die Person sich krümmt. Sieh die Ringe unter den Augen und die schlaflosen Nächte!

Zweifel

Es ist ganz wichtig, daß Du nicht einen Moment lang an dem zweifelst, was Du tust. Auch solltest Du immer daran denken, daß jeder einzelne Schritt vorgeplant sein muß. Vergißt Du bei der Fremdbeeinflussung auch nur eine Kleinigkeit, kannst Du nicht sicher sein, ob es funktioniert. Nimm nur das Beispiel mit dem Brief. Vergißt Du, daß eine Briefmarke auf den Brief muß, so kommt der Brief vielleicht zurück, weil der Empfänger keine Nachgebühr bezahlen will.

Literaturverzeichnis

Butler, W.; Hellsehen; Sphinx Verlag, Basel; 1987.

Douval, H.E.; Bücher der praktischen Magie; Ansata Verlag, Interlaken, Schweiz; 1983

* **Eschner**, Michael D.; Techniken der Bewußtseinserweiterung; Peyn und Schulze Verlag, Bergen; 1989.

* **Maturana, Varela**; Der Baum der Erkenntnis; Scherz Verlag, Bern; 1987.

Mottana; Der große BLV Mineralienführer; BLV Verlag, München 1987.

* **Schmidt**, S.J.; Der Diskurs des radikalen Konstruktivismus; Suhrkamp Verlag, Frankfurt 1987.

Tegtmeier, Bettina; Der große Schlüssel zum Orakel; Ansata Verlag, Interlaken, Schweiz; 1985.

* **Watzlawick**, Paul; Wie wirklich ist die Wirklichkeit; Piper Verlag, München; 1983.

Schritt für Schritt - Die neue Reihe

vom

Peyn und Schulze Verlag

Hat Dir das vorliegende Buch gefallen?
Bist Du an weiterer Literatur dieser Art interessiert?
In unserer Schritt für Schritt Reihe findest Du sie.
Alle Bücher dieser Reihe sind nach folgendem Vorsatz aufgebaut:
"Schreiben und verlegen wir Bücher, die für unsere Leser zum Lehrer werden - praxisnah und leicht verständlich!"

Wir wünschen Dir auch bei den anderen Themen viel Spaß und viel Erfolg.

Die Themen der Schritt für Schritt-Reihe:

- ¤ *Körperentspannung*
- ¤ *Astrologie/Horoskopie*
- ¤ *Meditation*
- ¤ *Magie*
- ¤ *Wahrsagen*
- ¤ *Traumdeutung*

Wahrsagen mit Büchern vom Peyn und Schulze Verlag

Ausgewählte Schriften
Band 1 bis 3

von

Aleister Crowley

Reich und vielfältig ist die literarische Hinterlassenschaft des berühmten Mystikers und Magiers Aleister Crowley. Die 3 Bände der "Ausgewählten Schriften" sind Perlen seiner literarischen Kunst.

Im ersten Band befindet sich:

1. *die Tagebuchaufzeichnung Crowleys über die Erlangung von Kenntnis und Konversation mit dem Heiligen Schutzengel,*
2. *eine Schilderung der Inkarnation Crowleys im alten Ägypten und*
3. *Crowleys Beschreibung der Techniken zur Erlangung magischer Ekstasen.*

Der zweite Band liefert:

1. *Eine exzellente Einführung in den Buddhismus, verbunden mit rational wissenschaftlichem Denken,*
2. *die "Goetia", das berühmt/berüchtigte Zauberbuch Crowleys und*
3. *ein kabbalistisches Märchen, ein Meisterstück in Prosa, Kabbala und Psychologie.*

Der dritte Band:

Crowleys Werdegang in der Magie und seine Auseinandersetzung mit Yoga und Buddhismus. Praktische Anleitungen machen dieses Buch unvergleichlich.

Jeder Band eine faszinierende Reise in das Reich der Magie mit dem Reiseführer Aleister Crowley.

Ithell Colquhoun

Schwert der Weisheit

Ithell Colquhoun ist das letzte noch lebende Mitglied des berühmten, englischen Ordens Golden Dawn, dessen magische Überlieferungen mit vielen bekannten Namen verbunden sind.

Die Autorin deckt mit diesem "Geschichtswerk des Golden Dawn" schonungslos die Geschehnisse der damaligen Zeit auf.

Mit viel Mühe und Sorgfalt sammelte die Autorin Informationen über die Auswirkungen der Lehren und Konflikte des Golden Dawn, die einen Boom von Tempel- und Ordensneugründungen zur Folge hatten.
Kein anderes bekanntes Werk bietet diese Fülle von Hintergrundmaterial zu einer Geschichte der Magie in der Neuzeit.

"Schwert der Weisheit - ein biographisches, informatives Werk - einzigartig in seiner Art!"